La sieste
chez l'enfant

De la même auteure

Rêves & Créativité
Comment atteindre ses objectifs par les rêves
Préface de Roger St-Hilaire
Éditions Le Dauphin blanc - 2003

S.O.S. cauchemars
Techniques pour s'en libérer
Préface de France Castel
Flammarion Québec - 2005

Le rêve et ses bénéfices
Découvrez-les à travers des témoignages
Préface de Nicole Gratton
Éditions L'ABC des Rêves et du Sommeil - 2007

Mieux dormir... j'en rêve !
Stratégies pour mieux dormir
adaptées à la femme et à l'homme modernes
Préface du Dr Jean Drouin
Les Éditions de Mortagne - 2009

Comment aider mon enfant à mieux dormir
De la naissance à l'adolescence
Préface de Germain Duclos
Les Éditions de Mortagne - 2009

Une discipline sans douleur
Dire non sans marchandage, sans cris et sans fessée
Les Éditions de Mortagne - 2010

Comprendre les dessins de mon enfant
Les Éditions de Mortagne - 2011

Le sommeil du nourrisson
Les Éditions de Mortagne - 2011

Catalogage avant publication de Bibliothèque et Archives nationales du Québec et Bibliothèque et Archives Canada

Langevin, Brigitte, 1964-
 La sieste chez l'enfant
 ISBN 978-2-89074-950-4
1. Enfants - Sommeil. 2. Sieste. I. Titre.
F723.S45L36 2012   154.6083   C2011-942395-2

Édition
Les Éditions de Mortagne
Case postale 116
Boucherville (Québec)
J4B 5E6
Tél. : 450 641-2387
Téléc. : 450 655-6092
Courriel : info@editionsdemortagne.com
Tous droits réservés
Les Éditions de Mortagne
© Ottawa 2012
Dépôt légal
Bibliothèque et Archives Canada
Bibliothèque et Archives nationales du Québec
Bibliothèque Nationale de France
1er trimestre 2012
ISBN : 978-2-89074-950-4
1 2 3 4 5 – 12 – 16 15 14 13 12
Imprimé au Canada

Nous reconnaissons l'aide financière du gouvernement du Canada par l'entremise du Fonds du livre du Canada (FLC) et celle du gouvernement du Québec par l'entremise de la Société de développement des entreprises culturelles (SODEC) pour nos activités d'édition. Gouvernement du Québec – Programme de crédit d'impôt pour l'édition de livres – Gestion SODEC.

Membre de l'Association nationale des éditeurs de livres (ANEL)

Brigitte Langevin

La sieste
chez l'enfant

ÉDITIONS DE MORTAGNE

*Pour les enfants et les parents
qui m'ont tant appris au fil des ans.*

REMERCIEMENTS

Je tiens absolument à remercier les parents, les éducatrices et les intervenants de la petite enfance, qui ont stimulé ma passion par leurs interrogations, leurs encouragements et, chez plusieurs d'entre eux, par leur désir d'en finir avec la crainte de permettre au bébé de faire des siestes. Combien de fois ai-je entendu la phrase : « Madame Langevin, j'ai hâte que votre livre sur les siestes soit publié, nous en avons tellement besoin ! » Alors le voici, ce bébé tout neuf, conçu de bonne foi, porté dans mon âme et que je laisse maintenant grandir.

Mes remerciements vont également à mon amoureux, André Martineau, pour ses encouragements, sa tendre complicité, son amour et son enthousiasme.

Merci à ma fille Karelle pour sa chaleureuse, réconfortante et essentielle présence dans ma vie. Ma chère fille, je suis si fière de toi.

Je suis très reconnaissante envers plusieurs mamans : Chantal, Geneviève, Isabelle, Marie-Ève, Caroline, Julie, Karine, Linda, Sophie et Catherine qui m'ont fait des commentaires très appréciés et pertinents à la suite de leur lecture.

Je tiens aussi à souligner le dévouement exceptionnel de mon assistante et amie Hélène Levasseur qui a lu et relu le manuscrit avec son œil de lynx dans un délai très court. Ses commentaires avisés ont été précieux. Merci chère Hélène.

En terminant, un merci spécial à la dynamique et professionnelle équipe des Éditions de Mortagne ; leur confiance et leur soutien me sont précieux.

TABLE DES MATIÈRES

Il pleure, braille, se roule par terre,
renverse tout sur son passage,
et refuse d'aller faire la sieste tant cette proposition l'attire,
mais le prive en même temps du plaisir de jouer,
d'être avec un être aimé.
À son réveil, il sera pourtant de nouveau disponible au
monde qu'il découvrira alors avec un appétit extravagant.
La sieste est comme une reprise de souffle,
un moment nécessaire pour récupérer ses forces
et ses esprits.

Thierry Paquot, *L'Art de la sieste*

PRÉFACE

Pour de nombreux parents et éducateurs, un des moments sensibles parmi ceux qu'ils consacrent à s'occuper d'un enfant est celui où ils doivent gérer la transition vers le sommeil, où ils doivent « le faire dormir ». On sait que les périodes de sommeil sont d'une importance capitale dans le développement des tout-petits. Malheureusement, il n'est pas rare qu'un enfant se montre réfractaire à s'endormir. Or, composer avec un enfant qui ne parvient pas à trouver le sommeil est une expérience souvent déroutante et toujours éprouvante, autant pour l'enfant que pour la personne qui en prend soin.

Les livres de Brigitte Langevin ont le grand mérite de proposer des repères clairs et pertinents pour aider les parents et éducateurs à bien accompagner les enfants dans leur transition vers un état propice au sommeil.

Le présent livre, consacré plus spécifiquement à la sieste, s'inscrit dans cette lignée. On y retrouve des informations instructives concernant la gestion de la sieste, à la maison comme en milieu de garde. Et les stratégies proposées sont toujours illustrées par des exemples ou des témoignages qui font le pont avec la réalité que vivent les parents et les éducateurs au quotidien.

On apprend notamment que les siestes répondent à des besoins spécifiques selon les groupes d'âges et sont essentielles pour permettre aux enfants de fonctionner de manière optimale pendant la journée. On apprend aussi qu'on ne fait pas dormir un enfant, mais qu'on lui fournit plutôt les conditions nécessaires pour qu'il développe sa capacité de s'abandonner au sommeil. On est amené à remettre en question le mythe voulant que les siestes en milieu de garde nuisent au sommeil nocturne. Et on apprend finalement, peut-être surtout, que la qualité du cadre mis en place par le parent ou l'éducateur joue un rôle déterminant dans l'établissement de saines habitudes de sommeil.

Il me paraît important d'élargir la perspective pour sensibiliser les parents et éducateurs au fait que préparer un enfant à bien dormir ne se réduit pas à bien gérer les instants qui précèdent son coucher. Le mandat d'un parent, comme celui d'un éducateur, est de maintenir un cadre faisant en sorte que l'enfant évolue en permanence dans un état qui lui permet de bien vivre le moment présent. Les rituels du coucher s'en trouveront d'autant simplifiés.

En fait foi l'exemple récent d'une mère venue me consulter pour sa fille de 4 ans qui devait être, selon ses dires, possédée du démon, tellement elle était violente dans ses gestes et paroles. La moindre contrariété donnait lieu à des crises interminables au cours desquelles elle se mettait à frapper sa mère et à l'invectiver.

Mieux comprendre les enjeux relationnels dans lesquels elle était engagée avec sa fille et mettre en place un cadre la conduisant à agir sur l'état même de l'enfant en neutralisant ses attitudes inadéquates, ont permis à cette mère de renverser la situation en moins de trois semaines. Au moment de faire le point sur la situation à la maison, elle me rapporta qu'à son grand étonnement et à sa grande joie, sa fille se montrait à présent le plus souvent souriante et affectueuse, capable de tolérer la frustration sans se désorganiser. Et alors qu'il n'avait jamais été question d'interventions particulières en rapport avec le sommeil, elle termina son bilan en ajoutant : « Ah oui ! Et aussi elle dort mieux. »

On pourrait même affirmer, selon cette perspective, que la mise en place de conditions favorisant une bonne sieste, commence... dès le réveil de l'enfant !

Dr François Dumesnil,
psychologue, auteur du livre
Parent responsable, enfant équilibré,
aux Éditions de l'Homme.

PROLOGUE

« Madame Langevin, mon bébé de 6 mois dort deux périodes de 30 minutes par jour, est-ce suffisant ? », « Ma fille de 7 mois dort 4 heures par jour, est-ce trop ? », « L'enfant de 2 ans que je garde pleure beaucoup au moment des siestes, est-ce dangereux pour son développement psychologique ? », « Mon garçon ira en garderie à compter de l'âge de 11 mois et on m'apprend qu'il ne fera plus de sieste en matinée, est-ce adéquat ? », « Ma fille de 3 ans fait une sieste en garderie et ne s'endort pas avant 10 h le soir, peut-on couper sa sieste ? » Jour après jour, je constate toute la confusion qui entoure le sujet du sommeil diurne chez les 0 à 5 ans. Avec le temps, mon désarroi s'est transformé en colère – une saine colère. C'est que, voyez-vous, il y a un tel écart entre les besoins en sommeil diurne des enfants et ce qui est véhiculé à propos de la sieste. L'écriture de ce livre est devenue pour moi une nécessité absolue : les parents et le personnel éducateur seront mieux informés, ce point étant capital à mes yeux.

Grâce à la psychologie de l'enfant, nous avons fait des progrès immenses au cours des dernières décennies afin de reconnaître le bébé comme un individu à part entière. Toutefois, certaines études et certains discours de professionnels ont suscité chez un grand nombre de parents une réaction de panique, laissant croire que le sommeil est un besoin auquel on répond tant bien que mal. Au fil des années, j'ai remarqué une nette régression dans la capacité des bébés à dormir le jour. Les parents, les éducatrices et les intervenants en petite enfance n'ont jamais autant été déroutés face à ce besoin. Pourtant, le manque de sommeil fait souffrir inutilement plusieurs enfants... et les adultes qui en prennent soin.

Cette inutile souffrance a fait que j'ai décidé de me consacrer aussi à l'importance des siestes chez l'enfant. Je suis convaincue, et depuis fort longtemps, des multiples bienfaits du sommeil et surtout de la sieste chez l'enfant. Étant d'ailleurs moi-même parent, j'ai pris soin d'habituer mon enfant à cette forme de repos. J'ai littéralement dévoré les livres et les articles scientifiques sur le sujet et mes lectures, ainsi que plusieurs observations personnelles, m'ont amenée à comprendre pourquoi tant de parents peinent à permettre à leurs enfants de dormir le jour. J'ai même souvent entendu des mamans et des éducatrices me dire : « J'ai lu un bon livre sur le sommeil (ou le développement de l'enfant) mais à la fin du livre, je ne savais pas plus quoi faire ! »

Le cœur de ce livre est donc consacré aux siestes tant à la maison qu'en milieu de garde. J'espère avoir réussi à les démystifier. Vous constaterez que les témoignages présentés reflètent notre réalité contemporaine. Les expressions utilisées dans ces histoires proviennent de la bouche même des parents. Bien que certains éléments aient été changés pour respecter leur anonymat, je suis persuadée que plusieurs d'entre vous auront l'impression que cette histoire est la vôtre, ou encore celle de votre sœur, de votre amie, de votre voisine, de votre collègue, de votre conjointe, etc.

J'ose espérer qu'à la fin de ce livre, les parents, le personnel éducateur et les intervenants en petite enfance se seront réconciliés... avec les siestes.

Bonne lecture !

Note : L'utilisation du féminin (par exemple maman et éducatrice) est fréquente dans ce livre, mais elle inclut aussi le masculin (par exemple papa ou éducateur). Par ailleurs, le terme « personnel éducateur » inclut aussi les titres « responsable en service de garde », « éducatrice », « monitrice », « nounou » et « assistante maternelle ».

INTRODUCTION

De nos jours, les mots « sommeil » et « pleurs » évoquent toutes sortes d'émotions. Il y a peu de sujets en petite enfance qui suscitent autant de passions et de controverses.

Nous vivons à une époque où une grande confusion règne en ce qui concerne la meilleure façon de permettre aux bébés et aux enfants de faire des siestes. Ainsi, des parents ont cessé de permettre à leurs enfants de dormir le jour et des milieux de garde en ont fait autant. Certains ont abandonné cette pratique parce que leur pédiatre, leur mère ou leur copine leur disait que si leur bébé dormait peu c'est qu'il n'en éprouvait pas le besoin. Cela n'a plus de sens ! Il faut mettre fin à l'actuel état de confusion qui entoure les siestes chez les enfants, un sujet controversé et devenu presque tabou dans plusieurs familles et même dans des milieux de garde.

Trop souvent et à tort, on croit que les siestes causent plus d'ennuis que de bienfaits. Une forte croyance, pratiquement considérée comme un fait scientifique établi, veut que les siestes nuisent au sommeil de nuit. Pensons aux difficultés d'endormissement le soir venu, aux réveils nocturnes, aux éveils trop matinaux. Vous serez sans doute étonnés de constater que cette croyance n'est nullement fondée. Vous risquez même d'apprendre des choses surprenantes, étant donné la cruelle absence de bonnes informations. Après avoir lu ce livre, vous ne verrez plus les siestes de la même façon et vous ressentirez, fort probablement, comme moi, une saine colère. Plusieurs femmes (ce sont majoritairement les femmes qui s'occupent des siestes des enfants) m'avouent se sentir incomprises et même coupables lorsqu'elles veulent permettre à leur enfant de dormir ou encore parce qu'elles ne veulent pas supprimer ou écourter les siestes.

L'imbroglio vient du fait que l'on confond les besoins et les désirs des enfants (et parfois ceux des parents et éducateurs !), que l'on met en place un rythme de siestes sans y avoir vraiment réfléchi et que l'on ne reconnaît pas l'importance de celles-ci dans le développement physiologique, intellectuel et comportemental de l'enfant.

L'un des objectifs de ce livre est de mieux faire connaître le rôle de la sieste et les moyens de l'intégrer à la vie de l'enfant, dans le respect de ses besoins. Vous verrez aussi, au fil de votre lecture, à quel point la sieste chez les enfants de 0 à 5 ans est importante durant cette période de développement. De bonnes habitudes de sommeil ou à l'inverse, un sommeil diurne troublé, cela change tout. Bien reposé, l'enfant peut faire face à ses émotions et aux activités de chaque jour, et envisager la vie avec optimisme, énergie et bonne humeur. Le manque de sommeil d'un enfant peut rendre la vie familiale ou en milieu de garde stressante et influer plus qu'on ne l'imagine de prime abord sur le comportement habituel de chacun.

Vous découvrirez, dans un premier temps, les périodes de repos essentielles pour les enfants et comment prendre soin de leur environnement de sommeil. Par la suite, nous verrons différentes stratégies permettant à un bébé de faire des siestes de qualité et d'une durée suffisante, tant à la maison qu'en milieu de garde. Bien que vous soyez tentés de lire d'abord ces chapitres, il vous sera plus facile de mettre en place le processus d'apprentissage si vous commencez par lire les précédents.

De plus, un chapitre entier est consacré aux pleurs et un autre à l'affection afin de bien vous soutenir dans votre démarche, faute de quoi l'enfant risque d'être confus face à vos attentes en matière de sommeil.

Parmi les troubles d'apprentissage au sommeil diurne d'origine éducative, les plus nombreux relèvent d'une péda-gogie assez simple à appréhender et à appliquer lorsqu'elle est bien comprise... mais encore faut-il le savoir. C'est pour-quoi la lecture de ce livre peut suffire dans la majorité des cas. Il vous apportera des explications, des exemples et des conseils. Prenez-les comme des suggestions. En aucun cas, il ne peut se substituer à votre instinct parental ou à votre ressenti personnel. Chaque enfant est différent. Chaque famille et chaque milieu de garde possèdent ses habitudes. Au-delà de quelques règles de bon sens, il n'y a pas de façon de faire qui fonctionne pour tous. À partir des pistes indiquées, c'est à chacun de réfléchir à ce que l'enfant exprime par son comportement. Laissez-vous guider par ce qui vous paraîtra juste. C'est vous, parents et personnel éducateur, qui êtes aux commandes !

Bonne lecture et bonnes siestes.

Chapitre 1

TÉMOIGNAGES

V oici ce qu'en disent des parents :

– *Bonjour Brigitte, il fallait que je t'écrive pour te remercier... Jacob (10 semaines) fait maintenant de belles siestes dans la journée. Depuis lundi, j'ai commencé la démarche. Trois jours plus tard, la journée a été tout simplement parfaite. Il a fait une grande sieste de 2 heures en avant-midi et trois petites siestes de 45 minutes à 1 heure en après-midi. Dès que je vois apparaître les signes de fatigue, je le calme et je le dépose dans son lit. Il chigne un peu et s'endort tout de suite. C'est merveilleux ! J'ai un petit bonhomme tellement de bonne humeur dans la journée que j'apprécie encore plus les moments que je partage avec lui ! J'ai maintenant plus de facilité à reconnaître les besoins de Jacob. J'ai vraiment l'impression qu'il me dit merci de respecter son rythme et de le comprendre... On peut dire que tu es arrivée à point dans nos vies, juste à temps pour que Jacob prenne de bonnes habitudes de sommeil. Comme il faisait ses nuits, je n'aurais jamais pensé qu'il avait un si grand besoin de dormir le jour et que c'est pour ça qu'il était parfois maussade. On devrait tellement être mis au courant des cycles du sommeil de bébé dans les cours prénataux. En tout cas, je peux te dire que je parle de toi et de tes conseils à mes amis. J'en ai même parlé à ma dentiste qui a une cocotte de 4 mois qui fait ses nuits, mais qui ne dort pas le jour.*

Linda, Markus et bébé Jacob

— *J'aimerais partager mon expérience à propos des problèmes de siestes de mon bébé, qui se sont finalement réglés après beaucoup d'efforts et de persévérance, mais surtout grâce à l'aide et le soutien incroyable de Brigitte Langevin. Dès la naissance de mon bébé, j'ai eu de la difficulté avec ses siestes. Le coucher était également problématique. Le jour, si je voulais qu'il se repose, je devais aller le promener en poussette quelques heures, sans quoi il ne dormait pas du tout. Rien à faire. Après environ 7 mois, considérant que je devais absolument régler le problème des siestes en vue d'une entrée en garderie prochaine et d'un retour au travail, et qu'aucune technique ne réussissait (après lecture d'un nombre incalculable de livres !!), découragée, j'ai décidé de faire appel à madame Langevin. En étant persévérants et surtout constants, nous y sommes parvenus. J'ai trouvé cette période assez éprouvante émotivement, et aussi très contraignante (plus question de sortir lors des heures de siestes car il devait apprendre à dormir dans son lit). Mais avec le recul, je constate à quel point c'était un passage obligé et qu'il était important de renverser la vapeur le plus tôt possible afin que l'enfant puisse acquérir de bonnes habitudes de sommeil. Aujourd'hui, je peux enfin dire que je n'ai plus de problèmes avec les siestes de Liam, j'ai même du mal à croire que ce fut difficile jadis ! Bref, merci mille fois à madame Langevin qui est arrivée à un moment où j'étais complètement découragée et épuisée. Non seulement elle nous a offert un soutien incroyable, une grande écoute et une formidable rétroaction, mais elle nous a fourni des techniques précieuses qui marchent vraiment ! Madame Langevin est une véritable experte* en ce qui a trait au sommeil des bébés et elle sait ajuster ses techniques et conseils en fonction du comportement de l'enfant. Mon seul regret est de ne pas l'avoir contactée avant !

Caroline, Lionel et Liam

— *Bonjour madame Langevin, un petit mot pour vous dire que Lyla (5 mois) s'endort toute seule maintenant ! Je la pose éveillée, elle se tourne, prend son doudou et c'est fini. Parfois, elle chigne un peu mais ça ne dure jamais plus de 3 minutes. Elle dort 2 heures le matin et 2 heures 30 l'après-midi. Parfois, je dois la réveiller ! Elle, qui ne dormait que des 45 minutes à la fois le jour, dort de longues périodes maintenant. Lyla, qui pleurait tout le temps, est maintenant agréable et souriante. De mon côté, je revis ! Merci ! Si vous avez besoin d'une porte-parole, je suis là ! Ça marche, c'est merveilleux !*

Sophie, Clémentine, Marguerite et Lyla

— *Bonjour Brigitte, nous sommes entrés dans le panthéon des champions du dodo grâce à vos conseils et à votre soutien ! Nos deux enfants (2 ans et 3 ans et demi) avaient de mauvaises habitudes de sommeil. Et voilà que chacun dort bien le jour comme la nuit. Nos vies ont changé ! Merci, merci, merci, chère Brigitte... Si je peux vous aider à mon tour pour quoi que ce soit, si vous avez besoin d'un témoignage « live » pendant vos conférences, si je peux faire quelque chose pour convaincre les parents de sortir de leur isolement et d'aller chercher de l'aide, j'aimerais sincèrement pouvoir redonner ce que vous nous avez si généreusement offert !*

Charlotte, Julien, Loïc et Gaby

— *Bonjour madame Langevin, je tenais à vous remercier. Notre vie a complètement changé depuis que nous avons commencé à appliquer votre stratégie. À la suite de notre récente consultation téléphonique, notre fille de 6 mois fait maintenant ses nuits, dort mieux le jour et est souriante et heureuse lorsqu'elle est éveillée. Elle « exprime son insatisfaction » encore de temps en temps durant les siestes, mais je vois une amélioration de jour en jour. Et je réussis à ne plus pleurer lorsque j'entends ses pleurs. Info-Santé m'avait conseillé de moins la faire dormir le jour ; l'infirmière du CLSC me répétait qu'un bébé qui* pleure a besoin de se faire rassurer et mon médecin me disait qu'elle était trop jeune pour lui enlever sa sucette. C'est juste avant d'atteindre le bout du rouleau qu'on m'a donné votre nom. Merci encore. Je me suis aussi procuré vos livres Comment aider mon enfant à mieux dormir, Le sommeil du nourrisson *et* Une discipline sans douleur. *Merci de si bien nous informer sur ces sujets qui ont de si gros impacts sur nos vies de parents. Ces livres demeureront sur ma table de chevet pour consultations régulières.*

Kim

— *Bonjour Brigitte, j'en profite pour vous remercier pour les précieux conseils obtenus lors de notre entretien téléphonique alors que mon fils avait 5 mois et demi. Il a aujourd'hui 17 mois, il dort au minimum 12 heures chaque nuit. Il aime aller se coucher le soir et ne résiste jamais après sa routine du dodo. Il fait encore souvent une sieste de 45 minutes le matin et il dort 2 heures l'après-midi. Vous nous avez redonné une qualité de vie exceptionnelle. Merci de tout cœur !*

Catherine

– *Bonjour Brigitte, grâce à vous et à vos conseils EN OR, mon fils qui est maintenant âgé d'un an fait désormais de magnifiques siestes. Je suis enfin une femme et une maman ÉPANOUIE. De plus, je suis fière de ce que j'ai réussi à inculquer à mon enfant. Carl est super agréable, toujours en train de rire, et nous aussi par la même occasion ! Je recommande vos ouvrages à mes amies.*

Cathy, Vincent et Carl

Voici ce qu'en disent des intervenants en petite enfance :

– *Bonjour madame Langevin, je tiens à vous remercier pour la conférence sur le sommeil des enfants que vous avez donnée à notre CPE. J'ai eu de très bons commentaires autant des parents qui ont expérimenté vos suggestions avec succès, que des éducatrices qui ont pris de l'assurance et sont donc mieux informées sur l'apprentissage au sommeil des enfants ainsi que sur la mise en place de périodes de sieste adéquates. Évidemment, elles seront aussi plus convaincantes pour soutenir les parents qui n'ont pu y assister. Bonne continuité !*

Manon, superviseure pédagogique

– *Bonjour madame Langevin, nous nous sommes parlé au téléphone il y a environ trois semaines à propos de Yasmine (16 mois) qui refusait catégoriquement de dormir durant la sieste dans ma garderie (milieu familial). En suivant vos précieux conseils, Yasmine fait maintenant 2 heures de sieste. Maintenant, quand elle se réveille, elle chante et appelle ses amis au lieu de pleurer. Merci beaucoup pour vos conseils, je n'hésiterai pas à vous recommander à mes amis et à d'autres responsables en service de garde qui vivent la même situation que moi.*

Samia, responsable en service de garde

– *Un petit mot pour vous transmettre les nombreuses marques d'appréciation reçues à la suite de votre conférence sur le sommeil des enfants. Grâce à vos connaissances sur le sujet, à votre générosité dans les réponses aux questions et à votre amabilité, cette conférence a été une réussite à plusieurs égards. Parmi les commentaires recueillis, on a beaucoup apprécié le caractère détendu et convivial de l'activité, l'ensemble de l'information nous permettant de trouver des solutions, de nous déculpabiliser sur les pleurs et de nous remettre en tête l'importance du sommeil. C'est toujours un réel plaisir de vous entendre.*

Comité organisateur des Matins Mères et Monde

— *Toutes les stratégies révélées par Brigitte Langevin lors de sa conférence fonctionnent à merveille. J'en ai utilisé quelques-unes avec mes propres enfants et je les recommande à mes patients. Merci Brigitte pour vos exemples concrets.*

Nicole, pédiatre

— *J'ai suivi la formation de Brigitte Langevin sur la sieste, et ma vie familiale et professionnelle est enrichie pour toujours !*

Danielle, éducatrice en Centre de la petite enfance

— *La formation sur la sieste a répondu à mes besoins. Les enfants de mon service de garde font maintenant des siestes et sont reposés pour les activités. Madame Langevin donne de bonnes solutions.*

Chantal, responsable en service de garde

– *L'information est claire, simple et précise. Si les parents avaient cette information, bien des bébés dormiraient mieux en milieu de garde !*

Nathalie, responsable en service de garde

– *Non seulement l'information est bonne à appliquer dans le cadre de mon travail, mais elle peut être appliquée dans ma vie personnelle avec mes enfants. Merci !*

Denise, Regroupement d'allaitement Nourri-Source

– *Oui, maintenant, je peux éclairer les parents qui me demandent régulièrement de couper la sieste de leur enfant !*

Natacha, éducatrice en garderie

– *La formation sur la sieste m'a énormément donné de pistes pour m'éclairer dans mon travail auprès des enfants.*

Amélie, responsable en service de garde

– *Ta conférence était sublime ! Je suis maintenant mieux outillée pour accompagner les éducatrices et les responsables en service de garde dans l'apprentissage aux siestes des enfants. J'ai apprécié tes nombreux témoignages et ton authenticité. Garde ton humour !*

Mélanie, éducatrice spécialisée

— *Bonjour madame Langevin, un petit mot pour vous dire que je suis à ma quatrième journée de la mise en place des siestes pour l'intégration de mon petit nouveau dans mon milieu de garde. C'est merveilleux ! Il jase dans son lit environ 15 minutes et s'endort seul. Lors d'un micro-réveil, il pleure un peu, 5-10 minutes, et se rendort ensuite pour le restant de sa sieste... sans que les autres enfants en soient incommodés ! Vos conseils portent fruit ! Pourquoi ne l'apprend-on pas lors de notre formation au cégep ? Merci pour tout !*

Coralie, éducatrice à la pouponnière

Vous êtes maintenant rassurés et convaincus que le bébé ou l'enfant peut dormir... aussi le jour ? Et vous voulez vivre des moments agréables durant les périodes d'éveil en leur compagnie ? Alors tournez cette page avec confiance.

Chapitre 2

COMMENÇONS PAR LE DÉBUT

La plupart des parents qui me consultent désirent souvent commencer l'apprentissage au sommeil par les siestes. Selon eux, ils sont plus disposés à accompagner bébé à s'endormir le jour, que le soir et la nuit.

Selon des études réalisées par les pédiatres Challamel et Thirion, le cerveau des bébés différencie le sommeil de nuit de celui de jour vers 4 semaines. Il est toutefois préférable de commencer l'apprentissage par le dodo de la nuit, car la pression de sommeil étant plus forte, le bébé arrive à se laisser aller plus facilement au sommeil.

Il est donc important, avant de mettre en place un rythme de siestes, que le bébé sache s'endormir seul. Attention ici de ne pas vous méprendre : un bébé qui sait s'endormir seul est un bébé mis au lit complètement éveillé et qui ne requiert pas l'aide du parent pour y arriver. Par exemple, un bébé mis au lit somnolent après un boire (que ce soit au biberon ou au sein), à qui l'on doit remettre la tétine trois ou quatre fois avant de le voir s'endormir est dépendant de son parent pour trouver le sommeil. Il sera moins combatif en soirée étant donné la dette (normale) de sommeil qui s'est accumulée au fil de la journée. Cependant, il réclamera les mêmes conditions d'endormissement lors des siestes. La pression de sommeil étant moins forte durant le jour, le parent ou l'éducateur et le bébé feront alors face à un échec. Le bébé pleurera pour signifier qu'il n'arrive pas à s'endormir et le parent ou l'éducateur multipliera les interventions qu'il croit utiles. Au bout du compte, on se retrouve avec un bébé fatigué, un parent découragé ou un éducateur frustré.

Si vous constatez que votre bébé ne sait pas s'endormir seul, car vous devez le bercer, le nourrir, le promener, le caresser, lui remettre sa tétine, etc., afin qu'il puisse s'endormir le soir, il est fortement conseillé de commencer, avant de mettre en place un rythme de siestes, l'apprentissage au sommeil du bébé en favorisant un endormissement autonome... qui est un gage de succès lorsque viendra le moment de lui permettre de dormir aussi le jour.

Si votre bébé a moins de 9 mois, vous trouverez dans le livre *Le sommeil du nourrisson*, une stratégie appréciée par de nombreux parents et professionnels de la petite enfance. Il s'agit de la stratégie « des 15 secondes » qui consiste à accompagner le bébé dans son apprentissage au sommeil en demeurant avec le bébé dans sa chambre et en le prenant dans vos bras selon un décompte précis.

Voici le témoignage d'une maman :

– **Élaine :** Bonjour madame Langevin, ma fille va avoir 8 semaines jeudi. Elle nous fait maintenant de beaux sourires. Lors de votre conférence, j'ai compris que c'était le signal que le cerveau de bébé est en mesure de comprendre les routines du dodo. Ma fille est habituée de dormir dans nos bras. Lorsqu'on la dépose, elle se réveille après 2 minutes. Lorsqu'on la berce, elle fait généralement une crise dans nos bras avant de s'endormir. Hier je l'ai mise dans sa couchette alors qu'elle était éveillée pour qu'elle s'endorme. Cela a pris

30 minutes (de crise). Ensuite, lors de son autre sieste, elle s'est endormie presque tout de suite, sans même pleurer. Puis, à l'autre, elle a pleuré durant 15 minutes. J'étais encouragée, mais ce matin, elle a encore pleuré, durant 30 minutes... Par peur de la traumatiser, je suis allée la chercher et je l'ai allaitée. Elle s'est endormie après 2 minutes. Donc, elle n'avait pas faim... Est-ce qu'il est encore trop tôt pour lui montrer à s'endormir seule ? Est-ce possible que je la traumatise en faisant cela ? J'observe toutefois aujourd'hui que lorsqu'elle dort, elle dort plus longtemps et mieux ; elle est moins agitée. Je suis donc embêtée... Est-ce que je continue ou non ? Merci.

– **B.L.** : Bonjour Élaine, oui, il faut persévérer. Je présume aussi que vous utilisez la stratégie des 15 secondes décrite dans le livre *Le sommeil du nourrisson*. En demeurant dans la chambre de votre bébé et en le prenant dans vos bras selon un décompte précis, vous n'aurez pas l'impression de le traumatiser mais plutôt de l'accompagner dans son apprentissage au sommeil, même si pour le moment votre fille n'est pas d'accord et qu'elle l'exprime haut et fort ! Bonne continuité !

– **Élaine** : Re-bonjour madame Langevin, j'ai finalement persévéré ! Ce fut tellement difficile... j'en pleurais... mais je continuais, sachant que c'était ce qu'il y avait de mieux à faire. Je me répétais constamment : « Je me préoccupe de ton besoin de sommeil, je suis avec toi, je ne t'abandonne pas mon bébé d'amour, je t'apprends à t'endormir de façon autonome. » Au début, avec la technique des 15 secondes, ça a pris 1 heure 30, puis 1 heure 20, puis 45 minutes. Maintenant, après une semaine, cela prend 10 minutes environ pour qu'elle s'endorme et je n'ai plus à intervenir... et à certains moments de la journée, c'est moins long encore. Je trouve que ma fille est désormais plus calme. Et surtout, elle boit mieux au sein. Elle est capable de s'endormir dans sa couchette. Et la nuit... elle m'a fait 8 heures 15 de dodo d'affilée, mais aussi des 6 et 7 heures... je suis comblée ! Alors, au lieu de bercer ma fille pour l'endormir, je la berce maintenant pour répondre à son besoin affectif, et comme elle est réveillée, nous en profitons toutes les deux. Je suis contente du résultat, mais ce n'est pas sans effort ! À plusieurs reprises j'ai voulu tout arrêter !!! Merci ! La consultation de votre site Internet (www.brigittelangevin.com), d'une des entrevues que vous avez données à l'émission *Famille 2.0*, nous a beaucoup aidés, mon conjoint et moi. Merci encore.

Cependant, si votre bébé a plus de 9-10 mois (quoique des parents aient utilisé, avec succès, la méthode des 15 secondes avec des bébés de 12 mois), les stratégies indiquées dans le livre *Comment aider mon enfant à mieux dormir* conviennent alors particulièrement... et ce, jusqu'à l'adolescence. Je fais le souhait cependant que les parents n'attendent pas aussi longtemps (à leur adolescence !) pour permettre à leur enfant de devenir autonome dans leur sommeil. En effet, les bonnes habitudes de sommeil peuvent se mettre en place plus ou moins facilement jusqu'à l'âge de 9-10 ans. Passé ce terme, l'enfant risque de développer de mauvaises habitudes de sommeil – obtenant ainsi un repos de piètre qualité et peu réparateur – qui affecteront son potentiel de sommeil à l'adolescence, voire jusque dans sa vie adulte.

Voici le témoignage d'une travailleuse sociale et maman :

– **Chantale :** Bonjour, j'ai déjà assisté à une de vos conférences et je vous avais trouvée très intéressante. Mon fils va avoir 4 ans dans quelques jours et depuis plus d'une semaine, il fait des crises toute la nuit. Il trouve mille et un prétextes pour être debout. Nous avons essayé de lui parler, de le rassurer, pensant qu'il faisait un peu d'angoisse... mais sans résultat. Nous avons essayé de l'ignorer, mais il crie, il vient nous rejoindre à l'étage, dans notre chambre et crie... Ça dure toute la nuit.

« Étant travailleuse sociale de formation, je me suis questionnée sur ce qui peut bien se passer dans sa tête. Il ne dit pas qu'il a peur de quelque chose... Il n'y a pas d'événements ou de changements récents dans sa vie, à part l'arrivée de sa sœur qui a maintenant 10 mois. Je sais que certains enfants réagissent tardivement, mais quand même ! Nous avons le souci de lui porter toute l'attention dont il a besoin, nous essayons de passer le plus de temps possible avec lui. Je me questionne à savoir si cela fait partie de son développement. De plus, certaines personnes me disent de couper sa sieste, serait-ce la bonne chose à faire pour lui garantir de meilleures nuits ?

« Je sais que ce ne sont pas des terreurs nocturnes puisqu'il se souvient de tout le lendemain matin. Il s'agit peut-être de caprices, mais j'aimerais savoir quels seraient les moyens à privilégier. J'ai déjà un calendrier de motivation, nous imposons aussi des conséquences, qui auparavant avaient beaucoup d'effets sur lui et depuis une semaine elles le laissent indifférent. J'ai commandé un de vos livres à ma librairie, mais en attendant, auriez-vous l'amabilité de me pister ? Merci. »

– **B.L. :** Bonjour, en effet, lorsqu'un enfant se met à avoir un comportement aussi désagréable la nuit, il y a souvent une cause et votre réflexion était tout à propos, mais n'a pas trouvé d'écho, à ce que je peux comprendre. Il s'agit donc d'autre chose. En effet, en essayant toutes sortes de stratégies pour tenter de le calmer, voire de le raisonner afin de faire en sorte qu'il se recouche et dorme, certains enfants prennent cette attitude comme une forme d'attention. C'est sans doute ce qui arrive avec votre fils.

« Je suis convaincue que durant la journée vous répondez à ses besoins affectifs et d'attention, mais certains enfants apprécient en avoir plus. Il est donc en train d'associer le fait de se réveiller la nuit et de crier à un très grand bénéfice : celui de se retrouver avec vous. Ici on ne parle pas de caprices ou de manipulation, mais bien d'association entre son comportement et le vôtre. Il se retrouve donc récompensé de crier par toutes les interventions que vous mettez en place pour le calmer. Pourquoi cesserait-il de le faire...

« Pour changer la situation, il ne convient pas de couper sa sieste, mais plutôt de ne plus le récompenser par votre présence (ni de près et ni de loin) lorsqu'il fait des crises la nuit. Pour assurer sa sécurité étant donné qu'il sort de sa chambre, vous devez installer une barrière de sécurité ou même deux, l'une au-dessus de l'autre, s'il peut l'enjamber, afin de lui permettre de demeurer dans sa chambre et de se rendormir, tout en prenant bien soin de sortir de la pièce tout objet sur lequel il pourrait vouloir monter pour passer par-dessus.

« Attention, ce n'est pas une punition, mais bien une conséquence logique à son comportement. Avisez-le que s'il n'arrive pas à rester dans sa chambre, vous allez l'aider en installant une barrière de sécurité. Dites-lui aussi que, dorénavant, vous le laisserez se rendormir par lui-même, qu'il en est capable, que vous lui faites confiance et que, de votre côté, vous allez rester dans votre lit et continuer de dormir.

« Votre message devient alors cohérent avec vos attentes. Évidemment, la première nuit, il testera toutes ces nouvelles directives et finira par s'endormir après avoir crié aussi longtemps qu'il en avait besoin. Vous verrez que dès la deuxième nuit, les périodes d'éveil et de crises diminueront et que dès la troisième, il dormira pratiquement toute la nuit. Votre constance et votre persévérance seront vos meilleurs atouts. »

– **Chantale** : Voilà plus d'un mois que je vous ai écrit... et les nouvelles sont bonnes !!! J'ai utilisé la technique de la barrière de sécurité en l'avisant bien que c'était lui qui décidait ou non de voir la barrière installée. S'il restait dans son lit, elle n'était pas installée, s'il sortait, elle était installée *ipso facto*. Évidemment, dès la première nuit, nous avons dû l'installer dans les 5 premières minutes et au bout de trois nuits, il la demandait avant d'aller dormir et s'endormait entre 10 à 20 minutes sans un mot, et ce, pour toute la nuit ! Votre méthode a très bien fonctionné. Le matin, il se lève passé 7 h et dort presque 1 heure 30 en après-midi ! Et vlan pour ceux qui me disaient qu'il n'avait plus besoin de sieste ! Hahaha !!! Merci du fond du cœur ! Surtout, j'ai retrouvé mon petit Charlot, souriant, enjoué et doux avec sa sœur... et il ne réclame plus la barrière de sécurité en se couchant ! Merci beaucoup !

Chapitre 3

LES MICRO-RÉVEILS

Que se passe-t-il donc lorsqu'un enfant sait s'endormir seul, mais n'arrive pourtant pas à faire des siestes qui lui permettent de récupérer et de s'éveiller de bonne humeur. Il s'agit généralement de ces bébés et enfants qui font une courte sieste de 30 à 60 minutes et s'éveillent dans une crise de larmes comme s'ils étaient en proie à une panique soudaine.

Voyons d'abord comment se compose le sommeil. Dans l'ouvrage intitulé *Mon enfant dort mal*[*], des docteurs Challamel et Thirion, on apprend qu'une nuit ou une période de sieste chez l'enfant est composée de plusieurs cycles. Ils

---

[*] Challamel, Marie-Josèphe, et Marie Thirion. *Mon enfant dort mal*, coll. « Évolution », Paris, Pocket, 2003, 383 pages.

durent en moyenne 45 minutes et se répètent régulièrement d'une nuit à l'autre et d'une sieste à l'autre. À la fin de chaque cycle se produit un bref éveil plus ou moins conscient, puis le processus reprend. C'est pour cette raison que l'on parle d'un train de sommeil composé de plusieurs wagons pour décrire une nuit complète ou une période de sieste.

L'éveil fait partie de manière tout à fait naturelle de notre sommeil, autant pour les petits que pour les grands. Pour la plupart des enfants, le sommeil ne représente pas un grand vide entre l'extinction des lumières et le réveil du lendemain matin (ou la fin de la période de la sieste).

La période qui précède l'endormissement et durant laquelle les enfants cherchent le sommeil s'appelle « latence de l'endormissement ». Il est normal de les voir mettre jusqu'à 30-45 minutes, mais si cette période de latence dépasse 1 heure, il faut trouver ce que l'enfant utilise ou fait pour empêcher l'endormissement de se mettre en place et évidemment l'enrayer.

Certains enfants se réveillent aussi au cours de la nuit ou d'une période de sieste. Il est tout à fait normal, cependant, qu'un enfant se réveille plusieurs fois durant ces périodes, mais le sommeil doit obligatoirement revenir en quelques minutes, voire quelques secondes. Dans son livre *Le sommeil*[*], le docteur Lecendreux élabore un schéma exposant les différentes périodes d'éveil et de sommeil. Il y est démontré qu'en moyenne, les enfants restent éveillés pendant 10 % de leur temps passé au lit. L'enfant, tout comme l'adulte, ne se souvient pas toujours de ses éveils, car la mémoire ne se met pas nécessairement en route à chaque occasion. Par ailleurs, la perception des éveils est très différente d'un enfant à l'autre.

Par exemple, certains enfants ne supportent pas de se réveiller pendant quelques minutes et vont se mettre aussitôt à pleurer très fort, voire à hurler, laissant même parfois croire à l'adulte qui en prend soin qu'il a une douleur ou est aux prises avec une émotion difficile, alors qu'il n'en est rien. La plupart des enfants ne vont même pas percevoir ce réveil et vont se rendormir tranquillement, tandis que d'autres vont changer de position en quête inconsciente de

---

[*] Lecendreux, Dr Michel. *Le sommeil*, Paris, Éditions J'ai lu, 2002, 273 pages.

leur objet transitionnel. Dès que la main le capte (doudou, tétine ou toutou par exemple), ils se rendorment réconfortés par leur habitude.

Voilà en grande partie pourquoi certains bébés ne font que de courtes siestes durant la journée. Les autres motifs ont un lien avec le comportement que l'adulte, qui prend soin de l'enfant, adopte en réponse aux réveils intempestifs de l'enfant. Nous y reviendrons plus loin.

Chapitre 4

LE BON DOSAGE

La planification des siestes est importante et elle doit s'ajuster en fonction de l'âge et des besoins en sommeil de l'enfant. Le nombre de siestes dans la journée varie selon l'âge de l'enfant. Même si certains enfants souhaitent l'abandonner dès l'âge de 3 ans (parfois même avant !), une période de repos (étendu dans son lit ou sur son matelas en milieu de garde, même sans dormir) doit avoir lieu. Il n'est pas rare de les voir s'endormir.

Dans son livre intitulé *Moi, la nuit, je fais jamais dodo*[*], Lyliane Nemet-Pier, psychologue clinicienne et spécialiste

---

[*] Nemet-Pier, Lyliane. *Moi, la nuit, je fais jamais dodo*, coll. « Le métier de parent », Paris, Fleurus, 2000, 196 pages.

du sommeil, affirme que dès l'âge de 6 mois, l'architecture du sommeil de l'enfant est complètement en place (incluant les siestes) et qu'à cet âge, il devrait dormir aisément 11-12 heures par nuit en plus de faire trois siestes durant la journée : une le matin entre 8 h 30 et 10 h 30, une autre en début d'après-midi entre 12 h 30 et 15 h et une dernière entre 16 h 30 et 17 h 15. D'après vous, laquelle de ces trois siestes disparaît la première ? C'est celle en fin d'après-midi, et ce, autour de l'âge de 8-9 mois.

Par la suite, quelle serait la prochaine sieste à disparaître ? Celle qui a lieu le matin. Elle n'est plus requise à partir de 18 mois. Donc, si un enfant de 2 ans réclame encore une sieste le matin, vous devez en conclure que son sommeil de nuit ne répond pas à ses besoins de sommeil en matière de durée et de qualité. Cependant, un enfant de moins de 13 mois qui hurle durant la sieste du matin ne veut pas indiquer qu'il n'a plus besoin de dormir ! Il combat plutôt son sommeil pour éviter le moment du repos. Nous y reviendrons.

Enfin, d'après vous, à quel âge la sieste de l'après-midi disparaît-elle ? Êtes-vous bien assis ? La réponse est : jamais !

En fait, à cette période de la journée, tout être humain devrait se voir accorder un moment de repos, quel que soit son âge, qu'il soit enfant ou adulte ! Pour un adulte, un repos de 20 minutes, immédiatement après l'heure du dîner, est hautement profitable pour les hommes et les femmes de tous âges, de toutes professions, de toutes latitudes et de tous fuseaux horaires ! Mais la sieste n'est malheureusement pas à la mode (pas très *in* !) dans notre culture nord-américaine, contrairement à ce que l'on peut observer dans d'autres pays ou continents de la planète.

Combien de siestes l'enfant doit-il faire par jour ? Voici quelques repères :

Durée moyenne de sommeil chez l'enfant

Âge	Nuit	Jour	Nombre de siestes et durée
1 sem.	8 à 10 h	8 à 10 h	Sommeil ponctué de nombreux réveils.
1 mois	8 à 10 h	7 à 9 h	Dort durant des périodes de 3 à 4 heures.

Âge	Nuit	Jour	Nombre de siestes et durée
3 mois	9 à 12 h	5 à 6 h réparties en 4, 5 ou 6 siestes	Différencie la nuit du jour. S'il dort plus le jour que la nuit, il faut éviter toute stimulation la nuit (garder la lumière éteinte et ne pas trop lui parler durant les boires) et en donner le jour (jouer, lui parler, le mettre à la clarté du jour, etc.) entre les siestes.
4 à 8 mois	11 à 12 h	3 à 4 h en 3 siestes	Sieste le matin, en début d'après-midi et courte sieste (environ 45 min) en fin d'après-midi.
9 à 17 mois	10 à 12 h	2 à 4 h en 2 siestes	Sieste le matin (entre 8 h 30 et 10 h) et une en début d'après-midi (entre 12 h 30 et 15 h).
18 à 23 mois	10 à 12 h	2 à 3 h en 1 sieste	Une longue sieste en début d'après-midi (entre 12 h 30 et 15 h).
2 à 3-4 ans	10 à 12 h	1 à 2 h	Une sieste en début d'après-midi (entre 13 h et 15 h).

Âge	Nuit	Jour	Nombre de siestes et durée
4-5 ans	10 à 12 h	30 à 45 min	Une période de repos, même sans dormir, de 45 min. Abandon (malheureusement !) de la sieste vers l'âge de 5 ans. Cependant, certains professeurs de la maternelle instaurent un moment de détente après le repas du midi ou à tout moment de la journée si les enfants sont très agités. En l'absence de locaux aménagés, ils leur imposent un temps d'arrêt obligatoire : assis à sa petite table, chaque enfant ferme les yeux et appuient sa tête sur ses bras.

Des études ont démontré que tous les bébés du monde, qu'ils soient nés en Amérique du Nord, en Amérique du Sud, en Europe ou ailleurs, ont les mêmes besoins en matière de sommeil. L'horaire peut varier en fonction de la culture, mais la quantité de sommeil demeure sensiblement la même.

Afin que la sieste remplisse efficacement son rôle, il faut respecter trois points :

- La sieste ne doit en aucun temps être associée à une punition par des propos tels que *Si tu n'es pas sage, tu iras faire la sieste* ou bien, *Tu es infernal aujourd'hui, va faire la sieste* ; jamais non plus elle ne doit être associée au statut de bébé : *Tu es un bébé, il est normal que tu fasses une sieste*. Lorsqu'elle est associée à quelque chose de négatif, la sieste est mal vécue et ne représente plus une pause bénéfique dans l'activité de la journée.

- La sieste du matin doit avoir lieu au maximum 2 heures après son lever. Si on attend trop, le bébé se fatigue, s'énerve et n'arrive plus à s'endormir lorsqu'il est déposé dans son lit. Pour les bébés de moins de 16-18 mois, il devrait y avoir une période de 2 heures d'éveil entre la sieste de l'avant-midi et celle de l'après-midi, de même qu'une période de 2 heures entre la sieste du début d'avant-midi et de fin d'après-midi, pour les bébés de moins de 6-9 mois.

- La sieste de l'après-midi doit suivre le repas du midi, sinon l'enfant dormira trop tard dans l'après-midi. Or, pour bien dormir la nuit, il faut un temps de veille suffisamment long entre la dernière sieste et le moment du dodo en soirée. La règle est que l'enfant doit être levé au plus tard à 15 heures.

Enfin, pour savoir si un bébé ou un enfant a assez dormi, deux points de repère ne mentent pas : il s'éveille en gazouillant *ET* il peut rester en forme sans démontrer de signes de fatigue durant l'heure qui suit son réveil.

Voici le témoignage d'une éducatrice :

– **Vivianne :** Bonjour, j'ai beaucoup aimé vos précédents articles sur educatout.com et c'est pourquoi je vous écris aujourd'hui. Je travaille à la pouponnière et j'aimerais savoir à quel âge un bébé commence à faire seulement une sieste par jour. En règle générale, j'attends que l'enfant me démontre par des signes qu'il est fatigué, mais chez certains je n'en vois aucun. Ces bébés ne sont donc pas couchés le matin, mais ils tombent subitement endormis dans leur assiette au dîner. Les poupons ont entre 9 et 18 mois.

– **B.L :** La sieste du matin disparaît d'elle-même aux alentours de 16-18 mois. Avant cet âge, tous les bébés ont besoin de dormir le matin (signes de fatigue apparents ou pas). Entre 6 et 12 mois, la durée de la sieste du matin est d'un maximum de 2 heures. Entre 12 et 18 mois environ, ce temps diminue graduellement. Les signes de fatigue ne sont pas toujours évidents, tout comme les signes de la faim. Pourtant, il ne nous viendrait pas à l'idée de ne pas donner à dîner à un enfant qui ne démontre pas de signes de faim ou encore d'attendre qu'il se mange les poings pour confirmer qu'il est vraiment en appétit. La même logique s'applique au sommeil. Il convient donc d'avoir un horaire régulier pour le dodo du matin, tout comme pour le repas du midi qui se donne toujours à la même heure.

– **Vivianne** : Il me fait plaisir de vous informer que nos bébés à la pouponnière font maintenant tous une sieste le matin. Comme nous avons deux locaux à notre disposition, nous avons mis les moins de 12 mois dans un local et les 13-18 mois dans l'autre. Effectivement, le groupe des 13-18 mois ne dort qu'une heure, tandis que l'autre groupe dort aisément 1 heure 30. Un bébé de 16, 17 ou 18 mois qui ne dort plus et est en forme (ne démontre pas de signes de fatigue avant la sieste et ne tombe pas subitement endormi dans son plat au repas) reste avec l'éducatrice et peut jouer. Nos poupons sont beaucoup plus enjoués et mangent maintenant très bien au repas du midi ! Merci beaucoup !

Chapitre 5

SIESTE, ACTIVITÉS ET COURSES
FONT-ELLES BON MÉNAGE ?

Dans notre culture, la sieste a souvent mauvaise presse. Bien que ses bienfaits soient appréciés, elle est moins bien acceptée socialement. Certains doivent même se cacher, s'enfermer dans la chambre ou dans le bureau ou encore se justifier pour pouvoir faire la sieste, qui est même, dans certaines circonstances, jugée comme un acte répréhensible.

Voilà sans doute pourquoi, avec le congé de maternité, le congé de paternité et le congé parental, pouvant totaliser près de 70 semaines d'affilée, notre société s'est empressée de créer des activités parents-enfants. Évidemment, afin de ne pas nuire à nos besoins, tel que manger, ces activités ont lieu la plupart du temps... pendant la sieste des enfants.

Chers parents, rassurez-vous, les bébés n'ont pas vraiment besoin de cours d'introduction à la musique ou de sessions d'apprentissage à la natation dans les premiers mois de vie. De trop nombreux parents croient à tort qu'ils privent leur enfant de quelque chose de précieux s'ils ne les inscrivent pas à une activité quelconque avant l'âge de 12 mois. Par ailleurs, surcharger l'horaire des enfants est un phénomène qui fait rage, de nos jours. Si le calendrier familial doit fonctionner avec des codes de couleurs pour chacun de vos enfants, c'est possiblement que vous en faites trop.

D'un autre côté, certaines mères trouvent difficile de ne pas voir d'autres adultes, d'échanger, d'avoir une vie active, de bouger, de sortir, d'aller faire des promenades ou des courses, etc. Ne dit-on pas que les bébés peuvent dormir partout ? Que c'est à lui de s'adapter à ses parents et non l'inverse ? Certes, le bébé a une faculté d'adaptation extraordinaire et certains parents arrivent même à bien répondre à son besoin de sommeil en tous lieux et en toutes circonstances, tout en respectant la durée et la qualité du sommeil de ce dernier. Cependant, ce n'est pas le cas de tous les bébés, particulièrement ceux qui sont très curieux. Le bébé curieux, très éveillé et bougeant beaucoup apprécie les activités de maman et exprime son mécontentement haut et fort, les jours d'arrêt ou de pluie lorsqu'il se voit obligé de dormir dans son lit. Il prend alors l'habitude de ne dormir que de 15 à 30 minutes à la fois ou de 45 minutes à 1 heure pour les parents chanceux, devenant alors plus facilement marabout, grognon et manifestant sa frustration à la moindre occasion. Qu'on se le dise, un bébé fatigué ne peut être joyeux. Bien que la tâche paraisse difficile, ces parents doivent, dans la mesure du possible, s'assurer que l'horaire des siestes (sans dérogation quant à leur durée et à leur qualité) soit respecté.

Cela dit, rien ne vous empêche de conserver une activité par semaine et d'en accepter les conséquences momentanées, ou encore d'apporter le parc et d'aller rendre visite à une copine ou à la famille et de faire dormir bébé dans une pièce de la maison où la lumière est tamisée. Une maman me racontait justement que deux de ses copines et elle prenaient plaisir à faire dormir leur bébé chez l'une et chez l'autre, durant les périodes de sieste, afin de s'assurer qu'il arriverait à dormir aussi bien lorsque toute la petite famille serait en visite dans la parenté. Et le succès a été éclatant !

Voici le témoignage d'une autre maman :

– **Amélie :** Bonjour Brigitte, juste un petit mot pour vous remercier car ma fille de 5 mois fait maintenant trois belles siestes par jour. J'avais seulement une petite question. Elle dort bien dans son lit, mais lorsque nous faisons des commissions, elle ne dort pas tout le temps. Si je suis chez une amie ou la famille, je la couche dans un parc et elle dort comme à la maison. Je fais quoi lorsque j'ai des commissions ou des rendez-vous ?

– **B.L. :** Bonjour Amélie, votre fille est merveilleuse ! En ne dormant bien que dans un environnement de sommeil adéquat, elle vous exprime à quel point il est important pour elle de dormir dans les meilleures conditions possibles, c'est-à-dire dans un lit (ou un parc), dans une pièce à la pénombre et à l'abri de toute stimulation visuelle. Imaginez un seul instant si je vous trimballais un peu partout au milieu de la nuit parce que j'ai des rendez-vous ou des commissions ! La qualité de votre sommeil et aussi la quantité seraient déficientes et vous en souffririez durant la journée. Évidemment, nous les adultes, on n'agit pas ainsi, car la nuit c'est plus qu'évident que c'est fait pour dormir, d'autant plus si nous sommes parents ! Rappelons-nous que dormir le jour chez les bébés et les enfants est un besoin important dont il faut tenir compte. Cela dit, les journées où il vous sera impossible de répondre adéquatement à son besoin de dormir (par exemple, pour un rendez-vous chez le pédiatre), il faudra en assumer les conséquences. Elle sera plus bougonne, mais tout reviendra à la normale dès le lendemain. Bonne continuité !

Chapitre 6

LUMINOSITÉ, MUSIQUE ET BRUIT DURANT LA SIESTE

Lorsque le temps de la sieste arrive chez les plus jeunes et de la période de repos chez les plus vieux, certains parents et éducateurs se questionnent à propos de l'éclairage. Doit-on baisser toutes les toiles ? Doit-on les baisser complètement ou seulement à moitié ? Doit-on éteindre toutes les lumières ou en laisser quelques-unes ouvertes ? Des questions qui méritent des réponses. Tout d'abord, voyons un peu le rôle de la luminosité sur le corps humain.

Au point de vue physiologique, nous (la science) savons maintenant qu'il y a un système à l'intérieur du cerveau qui utilise la lumière et la noirceur pour contrôler le niveau de certaines hormones. C'est le cas de la mélatonine, appelée aussi l'hormone du sommeil. La mélatonine, fabriquée par la glande pinéale (l'épiphyse), est presque indécelable dans le sang lorsque la clarté du jour est présente. Elle commence à être sécrétée à mesure que la lumière diminue. Grâce à la mélatonine, petits et grands éprouvent le besoin d'aller dormir afin que le corps puisse se régénérer. Si le taux de mélatonine est élevé, nous nous sentons somnolents et en perte d'énergie.

Il est donc essentiel que les activités et les repas se passent dans des lieux très éclairés afin que les enfants demeurent éveillés et énergiques. Comme je le disais précédemment, dès que les yeux captent moins la lumière, le niveau de mélatonine augmente. Voilà pourquoi il est important de créer une pénombre en baissant les toiles lors de la sieste pour favoriser le sommeil. Par ailleurs, même si celles-ci sont complètement baissées et les lumières éteintes, la pièce ne peut devenir aussi obscure que si c'était la nuit. Cette pénombre convient donc très bien à l'heure de la sieste. D'ailleurs, rassurez-vous, le cerveau différencie l'éclairage de jour et de nuit, dès que le bébé a atteint l'âge de 8 semaines environ !

S'il est question de sécurité, pourquoi alors ne pas mettre une veilleuse de couleur bleue ? Elle n'interfère pas avec le travail du cerveau et permet une légère luminosité pour les enfants qui s'éveillent avant les autres et qui ont besoin de circuler. Cette veilleuse peut aussi permettre à l'éducateur ou au parent qui désire se rassurer de jeter un œil dans la chambre du poupon pour le voir... dormir à poings fermés.

Et qu'en est-il de la musique ? Est-elle utile durant la période de sieste ? Et combien de temps doit-on la laisser durant la sieste ? Et le bruit environnant, peut-il réveiller les enfants prématurément ?

Tout d'abord, la musique est utile à la détente, donc elle peut être mise au moment du rituel, annonçant ainsi à l'enfant que le moment du dodo s'en vient. Il convient de faire jouer la même musique (deux ou trois pièces musicales, mais garder un petit registre) douce et calme. Évidemment, ici, la berceuse ne doit pas devenir une activité intellectuelle. Par exemple, dans un milieu de garde, on diffusait une berceuse en trois langues (français, anglais et espagnol) afin que les enfants puissent se familiariser avec celles-ci. Les enfants ont droit à une période où leur esprit et leurs pensées peuvent errer sans but précis. Si vous voulez les ouvrir à d'autres langues, faites-en une activité et ne choisissez pas des berceuses.

Le choix de la musique ou de la berceuse est laissé à la discrétion de chaque éducatrice et de chaque parent. Si vous ne savez pas ce qui convient, vous pouvez vous procurer des pièces musicales sur le site d'educatout.com à 1,99 $ l'unité. J'en affectionne deux particulièrement : l'une s'intitule *Berceuse de Mozart*, d'une durée de 1 minute 28 secondes et, l'autre, *Petite berceuse*, dure 2 minutes 19 secondes. L'une et l'autre remplissent très bien leur mandat, soit de détendre, calmer et rassurer. Vous pouvez choisir une ou deux pièces musicales et les faire jouer en boucle les cinq dernières minutes du rituel.

Si la musique continue de jouer dans l'environnement de sommeil lorsqu'ils dorment, elle peut être perçue par le cerveau comme une intrusion. Étant donné qu'il (le cerveau) doit rester en éveil pour vérifier la provenance du bruit, le sommeil est alors moins récupérateur pour le corps et l'esprit. Si vous y tenez vraiment, la musique ne devrait cependant jamais jouer plus de 10-15 minutes après le rituel, c'est-à-dire une fois les enfants dans leur lit ou leur couchette. La musique tout au long de la sieste est préjudiciable, aussi belle et calmante soit-elle !

Une musique qui joue tout le long de la sieste peut réveiller les enfants lorsqu'ils sont en sommeil léger. Par ailleurs, certains d'entre eux deviennent tellement habitués à ce bruit qu'ils ne peuvent plus s'en passer et finalement ne trouvent pas le sommeil si la musique a cessé.

Parfois, mettre de la musique sert à masquer les autres bruits environnants, par exemple l'administration du milieu de garde ou le quotidien de la maisonnée. Il faut comprendre que ces bruits que l'on veut masquer sont familiers à l'enfant et viennent de beaucoup plus loin (comme un bruit de fond) que la musique mise dans leur environnement de sommeil. Ces bruits distants sont beaucoup moins nuisibles que la musique dans leur local ou leur chambre. Le silence complet n'est pas essentiel au moment de la sieste, mais un lieu calme est le gage d'un meilleur sommeil.

Chapitre 7

IL DORT MIEUX À LA GARDERIE QU'À LA MAISON !

Chez l'enfant, bien souvent le refus de faire la sieste n'est qu'un jeu dans lequel il s'oppose aux règles établies. Ainsi, il s'affirme en tant qu'individu doté de caractère et de personnalité. Vous pouvez accepter qu'un enfant refuse de faire une sieste, on ne peut d'ailleurs forcer personne à dormir... mais attention, il doit tout de même y avoir une période de repos et de la durée nécessaire selon l'âge de l'enfant. En effet, contrairement à la croyance populaire qui veut qu'en milieu de garde on force les enfants à dormir, le seul pouvoir qu'a l'adulte en matière de sommeil est de créer un environnement propice à celui-ci.

Si votre enfant dort très bien en garderie alors que chez vous, c'est l'enfer... peut-être, chers parents, y a-t-il un lien avec son environnement ? Par expérience, les enfants qui ne veulent pas faire de sieste chez leurs parents et dorment bien en garderie ont généralement des conditions de sommeil qui diffèrent entre le milieu de garde et la maison. Voyons tout d'abord ce qui caractérise le fait qu'un enfant dormira bien à la garderie et peu ou pas du tout à la maison. Voici un tableau qui montre le déroulement de la sieste chez les enfants, généralement respecté en garderie mais beaucoup moins à la maison.

À la garderie	À la maison
Les bébés et les enfants sont mis au lit pour la sieste sensiblement toujours à la même heure.	Impossible de respecter l'horaire des siestes, car cela ne coïncide pas avec les courses, les rendez-vous, les ateliers de stimulation pour bébé et le retour de la garderie du plus vieux.
Le rituel est respecté rigoureusement.	Le rituel est important avant une sieste ? N'est-ce pas uniquement pour le dodo du soir ?

À la garderie	À la maison
L'environnement est adéquat : calme, lumières éteintes, toiles baissées.	Il dort où il peut : dans l'auto, dans mes bras, dans la poussette, dans le salon et à l'occasion dans son lit.
L'enfant est mis au lit sans jouet et sans aucune autre stimulation extérieure.	Je lui laisse un livre, un jouet ou même la télévision allumée. Ça aide à s'endormir... non ?
S'il fait une selle dans sa couche lors de la période de sieste, il est changé directement dans son lit, sans aucune stimulation (lui parler ou le regarder dans les yeux) de la part de l'éducatrice. Cependant, bien des bébés dorment toute la période de sieste, même avec une selle dans leur couche... à l'insu de l'éducatrice.	S'il fait une selle, je vais le changer immédiatement. Je le sors du lit, lui change sa couche, lui fait un beau câlin et le recouche. Le hic, c'est qu'après, il ne veut plus se rendormir.
Si un enfant qui est propre réclame d'aller à la toilette alors qu'il a fait pipi avant d'aller dormir (déjà prévu dans le rituel), il n'est pas autorisé à se lever. S'il	Si mon enfant qui est propre réclame de se lever pour la énième fois, je le lui permets, car je n'ai pas le goût d'avoir à nettoyer les draps à son réveil.

À la garderie	À la maison
fait dans sa culotte (ce qui est plutôt rare), on l'invite à se changer à la fin de la période de sieste et on le laisse se nettoyer avec un minimum d'aide... sans le disputer.	
L'enfant est autorisé à se lever entre 14 h 30 et 15 h et pas avant, qu'il ait dormi ou non (pour les 4 ans et moins). Un enfant de 4-5 ans est autorisé à se lever après une période de repos de 45 minutes.	Dès que mon enfant se réveille, je vais le chercher. De toute façon, même s'il demeure dans son lit 15 minutes de plus, il ne se rendort pas.
Un bébé très fatigué qui pleure ou ne veut pas dormir a le droit d'exprimer son mécontentement. On va le voir à intervalles de plus en plus longs durant l'intégration et ensuite, on lui permet d'y arriver seul.	Si mon bébé pleure au moment de le mettre au lit, cela me brise le cœur et je le prends pour le faire dormir sur moi ou encore je m'étends près de lui. S'il fait beau, j'opte pour un tour de poussette ou d'auto. Je lui permets aussi parfois de dormir dans sa balançoire.

Certains parents se sont sans doute reconnus dans cet exercice. Son but n'est pas de pointer qui que ce soit, mais plutôt de comprendre que le sommeil, pour faire son travail, a besoin d'un environnement adéquat et de critères particuliers :

– la régularité dans les heures du coucher et surtout du lever ;

– un rituel de 5 à 15 minutes au maximum ;

– un environnement dans la pénombre ;

– aucune stimulation (livre, télévision ou autre, en tenant compte que la présence du parent est la plus grande stimulation pour l'enfant) ;

– le moins d'interventions possibles auprès de l'enfant ;

– l'interdiction de se relever une fois au lit ;

– lui permettre d'exprimer son mécontentement parce que je réponds à son besoin de dormir plutôt qu'à son désir de passer encore plus de temps avec moi, malgré sa fatigue ;

– demeurer constant et persévérant, car le rythme des siestes peut prendre jusqu'à une vingtaine de jours consécutifs avant de se mettre en place, la pression de sommeil étant moins grande que pour le dodo de nuit.

Si un enfant ne veut plus faire de sieste et qu'aucune période de repos n'a été prévue pour la remplacer, il risque d'accumuler une dette de sommeil. Certains symptômes pourront démontrer l'insuffisance de repos. Contrairement à l'adulte, dont le manque de sommeil se traduit par de la fatigue et une somnolence diurne, chez les enfants la somnolence n'est pas toujours le signe prépondérant. Il faut être attentif à des signes tels que :

– l'hyperexcitabilité (le besoin de bouger continuellement),

– l'irritabilité,

– les colères,

– l'intolérance à la frustration,

– l'intolérance au changement,

– les pleurs,

– une humeur changeante.

Les conséquences de la privation de sommeil chez l'enfant sont nombreuses. Il est totalement faux de croire qu'un enfant privé de sa sieste s'endormira plus facilement le soir venu. Au contraire, l'excès de fatigue peut retarder l'endormissement ; la soirée risque d'être fatigante pour lui et éprouvante pour ses parents. Plus le niveau de fatigue est élevé, plus il est difficile de s'endormir, cette règle se vérifie tant pour les jeunes que pour les adultes. Par ailleurs, un enfant que l'on empêche de faire la sieste s'habitue à lutter contre les signes de fatigue et a plus de difficulté à s'abandonner aux bienfaits du sommeil.

Parmi les conséquences néfastes d'une dette de sommeil chez l'enfant, on remarque aussi que l'apprentissage et la capacité d'attention sont affectés ; il s'adapte moins facilement aux nouvelles situations ; son système immunitaire est affaibli de sorte qu'il est plus sujet à contracter des infections de toutes sortes.

Je sais que certaines éducatrices trouvent difficile de discuter de ces problèmes avec les parents, car la sieste est souvent un terrain conflictuel. Rappelez-vous cependant que l'enfant passe plus de temps avec vous qu'avec ses parents et que vous avez été formées (ou êtes en train de l'être en lisant ce livre !) pour répondre adéquatement à ses besoins, dont celui de dormir. En discutant avec les parents, vous contribuerez à créer de grands changements dans la vie de leur enfant autant que dans la leur !

Voici le témoignage d'une directrice d'un Centre de la petite enfance :

– **Carole :** Bonjour madame Langevin, je suis directrice d'un Centre de la petite enfance qui est aussi un bureau coordonnateur et j'aimerais bien que les parents puissent comprendre que les siestes sont importantes. Les parents demandent que la sieste soit supprimée, car le soir ils ont de la difficulté à les coucher. Les éducatrices et les responsables de garde essaient d'aborder le sujet, mais elles sont rarement prises au sérieux. Les parents semblent les prendre pour des « gardiennes » et non des éducatrices possédant la formation nécessaire pour s'occuper du sommeil de leur enfant. Est-ce que vous pourriez m'envoyer un article d'une revue ou d'une autre publication que je pourrais transmettre aux parents ? Cela me serait très utile parce que certains d'entre eux ne veulent plus que leur enfant dorme lors de la sieste de l'après-midi.

– **B.L.** : Bonjour Carole, en effet, plusieurs CPE et garderies vivent la même problématique que vous. Pourtant, dormir est aussi important que manger et il ne viendrait jamais à l'idée des parents de vous demander de couper le repas du midi, sous prétexte que leur rejeton éprouve de la difficulté à manger au repas du soir ! Afin de soutenir les éducatrices et responsables de garde dans leur travail, j'ai créé une affiche en couleurs, de 11 pouces sur 17, détaillant les besoins en sommeil de jour et de nuit pour les enfants de moins de 5 ans. Lorsqu'ils verront cette affiche dans leur milieu de garde, les parents pourront faire le point et surtout ils apprendront que le sommeil, tant de jour que de nuit, est précieux pour un enfant (l'affiche est disponible en ligne sur brigittelangevin.com). Il est aussi possible de rédiger une politique sur le sommeil qui contiendrait les mesures que vous aimeriez établir dans votre institution. Vous trouverez un exemple de ce genre de politique sur le site de www.educatout.com et en annexe du livre *Comment aider mon enfant à mieux dormir.* Enfin, peut-être qu'une conférence aux parents dans votre milieu de garde serait plus qu'appropriée...

Chapitre 8

SES SIESTES À LA GARDERIE L'EMPÊCHENT DE DORMIR LE SOIR

Les parents se plaignent de plus en plus que la semaine, ils n'arrivent pas à mettre leur enfant au lit, alors que le week-end, il tombe de sommeil à 19 h puisqu'il n'a pas dormi l'après-midi... et ils voudraient bien que ce soit toujours ainsi. Peut-on demander à la garderie de cesser la sieste de l'après-midi ? Malheureusement non. Voyons pourquoi, mais tout d'abord, faisons un parallèle avec le besoin de manger ; s'alimenter et dormir étant des nécessités fondamentales. Imaginez un instant que votre bébé ne mange pas bien au repas du soir, vous sentez que son appétit est moindre. Vous viendrait-il à l'idée le week-end de lui faire sauter son repas du midi ? Ou encore de demander à son éducatrice le lundi matin de lui faire sauter ce repas ? Bien sûr que non ! C'est cette même logique qu'il faut conserver en matière de sommeil.

Lorsqu'on supprime la sieste, il arrive que certains enfants tombent de fatigue le soir et ne peuvent même plus jouer leur rôle adéquatement, c'est-à-dire contester l'autorité des parents ! Qu'on se le dise, c'est le rôle de l'enfant (pour au moins les vingt premières années !), tandis que celui des parents est de l'encadrer afin de répondre à ses besoins. Il est beaucoup plus facile d'encadrer un enfant qui tombe de fatigue que celui qui demande à se relever vingt fois dans le but de retarder l'heure du dodo. Acheter la paix peut être tentant, mais le prix à payer est parfois élevé, car l'excès de fatigue peut occasionner des réveils nocturnes désagréables pour tous les membres de la famille, en plus de rendre la soirée fatigante pour lui et éprouvante pour vous, ses parents.

Par ailleurs, un enfant qui ne fait pas la sieste s'habitue à lutter contre les signes de fatigue et a plus de difficulté à s'abandonner aux bienfaits du sommeil, autant durant les siestes, le soir venu que durant la nuit. Il n'est pas rare de voir ce type d'enfant ne faire que des siestes de 30 minutes, mettre 2 heures à s'endormir le soir et s'éveiller autour de 4 h 30 - 5 h le matin. Une autre problématique s'ajoute, celle des terreurs nocturnes qui témoignent d'un manque de sommeil, sans oublier que cet enfant est plus souvent malade que les autres. Une dette de sommeil fragilise le système immunitaire rendant ainsi l'enfant plus susceptible d'attraper rhume, otite, grippe, gastro, etc.

Si votre enfant tarde à s'endormir le soir, ce n'est pas en coupant la sieste que le problème se réglera. Il faut plutôt mettre en place une stratégie et un encadrement visant à cesser toute forme de stimulation au moment du coucher pour la nuit.

Voici le témoignage de parents :

– **Maryse et Francis :** Bonjour, je suis une jeune maman. Mon conjoint et moi trouvons l'heure des dodos pénible. Nous couchons notre fille de 3 ans et demi à 19 h 30 et elle ne s'endort pas avant 21-22 h. Je crois que le problème c'est la sieste de l'après-midi d'une durée de 1 à 2 heures qu'elle est obligée de faire à la garderie. La période de sieste débute vers 12 h 30–13 h et l'éducatrice réveille tout le monde pour 15 h. Cette sieste est obligatoire. Pourtant, lorsqu'elle est à la maison avec son père et moi, nous ne sommes pas capables de la faire dormir l'après-midi, et le soir elle s'endort tout de suite. Comment faire comprendre à l'éducatrice que notre fille ne doit plus dormir l'après-midi ? Merci de votre aide.

– **B.L. :** Bonjour Maryse et Francis, je constate agréablement que la garderie que fréquente votre enfant respecte bien le moment et la durée de la sieste, soit de coucher les enfants vers 12 h 30 - 13 h et de faire en sorte que tous soient levés au plus tard à 15 h. Cette façon de faire laisse aux enfants un temps de veille suffisamment long entre la sieste et le moment du dodo en soirée. En effet, si le lever de la sieste se faisait plus tard que 15 h, cela pourrait avoir un impact sur le dodo en soirée, mais ce n'est pas le cas dans la situation présente. Jusqu'à l'âge de 5 et même 6 ans, la sieste ou un moment de repos sont essentiels pour les enfants. À la maternelle et même en première année, les enfants sont invités après le repas du midi à s'étendre sur une couverture ou à déposer la tête sur leur pupitre. Ceux qui sont en manque de sommeil s'endorment inévitablement. Il est donc primordial que, dans le cas d'un enfant de 3 ans, le moment de la sieste soit respecté. Cette période que vous dites obligatoire permet à votre fille de prendre les heures de sommeil dont elle a encore besoin le jour pour son développement intellectuel et physiologique. Si elle dort, il est bien évident qu'elle a besoin de ce temps de repos. Personne ne peut forcer quelqu'un à dormir ; votre fille s'endort à cette période parce qu'elle en a besoin. Vous savez, dormir est aussi important que manger. Si votre fille avait peu d'appétit à l'heure du souper, auriez-vous idée de demander à votre éducatrice de couper son repas du midi ? Bien sûr que non. Pour son sommeil, c'est la même chose. Un enfant de 3 à 4 ans a encore besoin d'une période de sieste en début d'après-midi ; si votre fille a de la difficulté à s'endormir le soir, la problématique est ailleurs.

« De plus, je ne comprends pas que vous ne soyez pas capable de lui offrir une période de repos l'après-midi lorsqu'elle est avec vous. Vous n'avez pas à la "faire dormir", vous n'avez qu'à créer un environnement afin de permettre au sommeil de la gagner. Si, une fois qu'elle est couchée, vous intervenez régulièrement, il y a fort à parier que cette façon de faire la motive à continuer de se lever ou de vous appeler. En règle générale, les enfants ont tendance à s'occuper de leurs désirs et non pas de leurs besoins. C'est aux parents de faire en sorte que les besoins des enfants soient respectés.

« Lorsque votre fille est avec vous et qu'elle ne fait pas de sieste, elle s'endort sans doute plus facilement le soir parce qu'elle est tout simplement épuisée et n'a même plus la force d'user de stratégies pour repousser le moment du sommeil. Certains parents apprécient cette façon de faire, car cela évite qu'ils soient obligés de faire preuve de fermeté, ce qui est, il va sans dire, beaucoup plus demandant que de mettre au lit un enfant qui s'endort épuisé en moins de 5 minutes le soir venu.

« En terminant, je vous informe que vous trouverez plusieurs stratégies utiles dans le livre *Comment aider mon enfant à dormir* disponible en librairie et à la boutique d'*éducatout.com*, afin de surmonter les difficultés d'endormissement de votre fille au dodo en soirée et de son refus de rester dans sa chambre. »

– **Maryse et Francis :** Bonjour madame Langevin, j'ai été assez surprise par votre réponse. Nous qui croyions que dormir le jour était vraiment la problématique. Nous avons permis à notre fille de dormir l'après-midi en mettant une barrière de sécurité à sa porte de chambre. Elle ne dort pas autant qu'en garderie, mais elle fait au moins 1 heure de sieste. Le soir, nous avons fait la même chose et elle s'endort maintenant en 10 - 15 minutes. Je dois vous avouer que son tempérament a complètement changé. Alors qu'elle était colérique et faisait une crise à la moindre frustration, nous voilà maintenant avec une enfant souriante et agréable à vivre. Merci beaucoup.

Chapitre 9

LES PLEURS

Un des gros défis que présente la mise en place d'un rythme de sommeil le jour est le fait qu'une grande majorité de bébés réagissent en pleurant fort les premiers jours d'apprentissage. Il est vrai aussi que certains bébés y arrivent tellement facilement qu'on se demande pourquoi on n'a pas osé commencer plus tôt.

De fait, certains bébés, lorsqu'ils sont fatigués, se laissent tout bonnement aller au sommeil, tandis que d'autres expriment leur frustation. Dans son livre *Le sommeil de votre enfant*[*], la docteure en psychologie, Anne Bacus, explique qu'il

[*] Bacus, Anne. *Le sommeil de votre enfant*, Paris, Éditions Marabout, 2007, 286 pages.

est fréquent pour un parent de se sentir désemparé et confus lorsque vient le temps d'interpréter adéquatement ce genre de comportement. Une majorité de parents sont tentés de nourrir le bébé lorsqu'il pleure et que rien d'autre ne semble justifier ses cris. Cette façon de réagir est d'autant plus justifiée que, dans les premières semaines, tout pleur d'une certaine intensité ressemble à un pleur de faim. Cependant, comme le nourrir ne répond pas au besoin de l'enfant, il se remet à pleurer. Les parents font alors face à un sentiment d'impuissance et ils tentent de faire diversion pour diminuer les pleurs du bébé en jouant avec lui, en lui parlant ou encore en lui donnant un bain. Ces stimulations impromptues viennent le fatiguer davantage, alors que le bébé ne demande qu'une chose : qu'on lui permette de pleurer un peu pour évacuer sa tension et s'endormir ensuite.

La psychologue Aletha Solter ajoute, quant à elle, dans son ouvrage *Pleurs et colères des enfants et des bébés*[*], que ce sont souvent les enfants très actifs et éveillés pour lesquels la demande de repos n'est pas comprise. Ces bébés

---

[*] Solter, Aletha. *Pleurs et colères des enfants et des bébés*, Saint-Julien-en-Genevois, Éditions Jouvence, 1999, 192 pages.

emmagasinent une grande quantité d'informations et d'expériences, ce qui les empêche de passer de la veille au sommeil sans pleurer un peu. Ce ne sont pas des pleurs de tristesse, loin de là, mais plutôt de fatigue et de tension. Ces pleurs aident le bébé à se détendre et à trouver le sommeil. Le piège, ici, est que certains parents et éducateurs croient que ces pleurs peuvent nuire à son développement psychologique ou au lien d'attachement mis en place. Ils finissent donc par intervenir, soit en parlant au bébé ou en le berçant. Le bébé exprime alors sa frustration et sa colère de voir son besoin de dormir insatisfait. Pourtant, le besoin de dormir, tout comme celui de manger, est absolument impératif. Si ces deux besoins ne sont pas satisfaits, bébé hurle. La seule attitude adéquate consiste donc à le laisser se calmer et à trouver le sommeil par lui-même. Pourtant, parents et éducateurs multiplient les interventions et se convainquent finalement que bébé n'est pas un grand dormeur...

Par ailleurs si, au début de sa vie, le bébé ne dispose pas du langage verbal, il vient au monde avec la capacité de ressentir. Il est très sensible à l'ambiance, paisible ou tendue, qui l'entoure. Il sait si la personne qui le tient dans ses bras est à l'aise ou anxieuse. Un parent ou un éducateur angoissé ou épuisé n'est pas le mieux placé pour soutenir le bébé dans sa capacité à faire de belles siestes, car ce dernier absorbe cette tension. Et que dire lorsque le bébé devra faire une sieste chez la famille et les amis qui ne comprennent pas ou ne sont pas d'accord avec les stratégies utilisées par les parents. Les parents stressent, ressentent le jugement des adultes qui les entourent, la tension monte... et le bébé hurle de frustration et de colère dans des crises de pleurs, d'agitation et de coups de pied. Impossible à ce moment-là d'espérer le voir s'endormir.

Lorsque bébé est mis au lit ou dans le parc pour la sieste et qu'il se met à pleurer, la première chose à faire est d'aller vérifier si quelque chose lui manque. Toutefois, il est parfois difficile de savoir si l'enfant a un besoin concret ou s'il n'éprouve que le besoin de pleurer. Quand vous aurez fait le tour de ses besoins et que vous aurez l'assurance qu'ils ont tous été satisfaits, sauf celui de dormir évidemment, vous pourrez alors supposer, s'il pleure toujours, qu'il libère des tensions dues à une trop grande fatigue et possiblement à une trop forte stimulation. Permettez-lui alors de se calmer et de s'endormir... par lui-même.

Faites-lui confiance, il a tout ce qu'il faut pour réussir à se réconforter. Cela peut prendre du temps, surtout si ce bébé a appris que par ses pleurs, il attire votre attention. Par son vécu, il s'attend même à ce que vous vous montriez le bout du nez dès qu'il est contrarié. Rappelez-vous que vous n'êtes pas en train de le laisser pleurer puisque vous répondez à son besoin de sommeil, mais que vous lui permettez plutôt de s'endormir, même si pour l'instant il préfère exprimer son mécontentement haut et fort.

Par exemple, vous ne laisseriez jamais votre enfant jouer avec une fourchette pointue, quelle que soit l'intensité de ses pleurs. Vous diriez : « Je suis désolée, mon bébé d'amour, mais ce n'est pas un jouet. » Il pourrait bien pleurer jusqu'à en devenir rouge, vous ne céderiez pas et laisseriez l'ustensile hors de sa portée. Eh bien, votre approche visant à le guider vers des habitudes de sommeil plus saines devrait être tout aussi ferme et aimante : « Je sais que tu es en colère, mais c'est l'heure du dodo. » Votre petit bout de chou ne comprendra peut-être pas la signification des mots que vous prononcerez au moment de le mettre au lit, mais il saisira le ton de votre voix. Mettez de l'empathie et de la fermeté dans votre voix et il comprendra le message : « Je t'aime, mais c'est l'heure du dodo. »

Une maman m'a raconté que pour surmonter ce défi, elle avait écrit quelques phrases sur la porte de chambre de sa fille, qu'elle répétait mentalement au moment où elle mettait la main sur la poignée de porte, pour éviter de flancher. Voici ces phrases : « Tu peux dormir toute seule. » ; « Je comprends que tu trouves cela difficile. » ; « J'ai envie de t'aider à réussir et j'ai confiance en ta capacité à t'endormir. » ; « C'est normal que tu exprimes ton mécontentement et tu as le droit de le crier haut et fort. » ; « Je suis toujours une bonne maman. »

Voici trois autres témoignages de parents :

– **Isabelle :** Bonjour, j'aimerais savoir pourquoi ma fille de 6 mois se réveille après 45 minutes lors de la sieste en début d'après-midi (je la couche de 13 h à 15 h 30). Elle dort 2 heures le matin sans s'éveiller, mais c'est très rare maintenant qu'elle dorme 2 heures 30 au complet en début d'après-midi. Et jusqu'à quand doit-elle dormir 2 heures 30 en début d'après-midi ? Est-ce vraiment jusqu'à 13-14 mois ? Aussi, j'en ai marre d'entendre ma belle-mère me dire qu'on devrait aller la lever au lieu de la laisser dans son lit, que ça l'empêche de se développer et de bouger ! Avez-vous une explication claire que je pourrais lui envoyer pour lui clouer le bec, s'il vous plaît ? (Et aussi peut-être me re-convaincre moi-même que dormir le jour chez les bébés est un besoin fondamental... elle me fait douter...). Merci beaucoup.

– **B.L.** : Bonjour Isabelle, si votre fille s'éveille de bonne humeur ET qu'elle ne démontre pas de signes de fatigue dans l'heure qui suit c'est que c'est assez, mais je doute qu'elle s'éveille enjouée après 45 minutes de sieste en début d'après-midi. Elle a besoin en moyenne de 2 heures 30 en début d'après-midi jusqu'à 3 ans environ, ensuite de 3 à 4 ans c'est environ 2 heures, à 4 ans c'est 1 heure à 1 heure 30 et à 5 ans c'est de 30 à 45 minutes, même sans dormir. Quant à la sieste du matin, elle disparaît vers l'âge de 16 à 18 mois, mais diminue en durée vers l'âge de 13 à 14 mois.

« Je vous confirme que les bébés ont besoin de beaucoup d'heures de sommeil. Vous pourriez dire à votre belle-mère que c'est plutôt de ne pas répondre à ce besoin qui peut nuire considérablement à leur développement. Pour se développer harmonieusement (autant sur le plan physique, psychique que moteur), votre fille a besoin de dormir, sinon elle n'aura pas la vivacité et l'énergie qu'il faut pour apprendre et elle ne pourra pas intégrer adéquatement ses apprentissages.

101

C'est durant le sommeil qu'on intègre. Aussi, sans sommeil, son système immunitaire ne pourra plus faire son travail et elle sera susceptible d'attraper tout ce qui passe... et de le transmettre ! Donc, il n'y a plus aucun doute, votre belle cocotte a besoin de dormir le jour, même si cela ne plaît pas à ceux qui vous entourent. Enfin, je ne sais pas si vous vous êtes procuré mon livre sur la discipline (*Une discipline sans douleur*), mais il y a un chapitre sur les grands-parents... je suis certaine que vous aimerez ce point de vue. »

– **Évelyne :** Bonjour Brigitte, j'ai assisté à votre conférence et je voulais prendre le temps de vous remercier pour cette dernière. Heureusement pour moi, j'ai l'exemple parfait du bébé qui dort le bon nombre d'heures et dans la même quantité que ce que vous enseignez, et ce, depuis qu'il a 1 mois. Votre conférence m'a permis de me rassurer sur le nombre d'heures que mon garçon dort. Écouter toutes les mamans qui se plaignent que leurs bébés ne dorment pas durant la journée (même rendu à 8 mois comme le mien) me faisait douter de la « normalité » de mon enfant. Je me suis même demandé s'il n'était pas atteint d'une maladie pour dormir si régulièrement comme ça : 2 heures le matin et 2 heures l'après-midi, plus 11 à 12 heures par nuit. Les mères présentes à la conférence semblaient avoir de la difficulté à entendre leurs bébés pleurer, moi c'était tout le contraire. Mon bébé ne pleure que très rarement et quand cela lui arrive c'est justement parce qu'il est fatigué ou parce que nous avons bouleversé sa routine de dodo pour qu'il nous accompagne dans nos activités à l'extérieur. S'il pleure, je fais naturellement et exactement ce que vous nous avez enseigné, c'est-à-dire que je lui parle sur un ton ferme, tendre et convaincant pour lui dire que c'est dodo et qu'on se revoit tantôt. À laisser mon bébé s'exprimer (pleurer parfois fort) et à ne pas le laisser « gagner » sur moi, j'avais une petite impression d'égoïsme comme si je lui disais : je suis le boss et quand tu dors ça me permet de faire mes petites choses dans la maison. Votre conférence m'a permis de m'enlever ce sentiment de la tête pour réaliser qu'en fait, je fais tout ça pour lui. J'ai même, une fois, annulé une activité parent-bébé qui avait lieu en début d'après-midi parce que je savais très bien les conséquences que le manque de sommeil entraînerait : une soirée avec un bébé grincheux qui ne veut pas aller se coucher, étant donné qu'il n'a pas fait son dodo d'après-midi. Merci pour tout, nous allons continuer sur cette route, la formule fonctionne très bien et mon bébé est en grande forme, toujours de bonne humeur et enjoué. Une maman rassurée.

– **Andréanne :** Bonjour madame Langevin, est-ce que le fait de laisser pleurer bébé pour qu'il s'endorme seul peut avoir des répercussions psychologiques sur lui à long terme ? Je m'explique. Même si ma fille dort bien la nuit, elle ne veut pas du tout dormir le jour ! Si je la mets au lit, ce sont des crises interminables...

– **B.L :** Bonjour Andréanne, votre questionnement est très important.

« Habituellement, laisser pleurer un bébé suppose qu'on ne répond pas à ses besoins. Cependant, en matière de sommeil, lorsqu'un bébé pleure alors que tous ses autres besoins ont été satisfaits, il ne fait qu'exprimer son mécontentement d'être dans son lit ou son excès de fatigue. De fait, un bébé a le droit d'exprimer sa frustration de voir que ses parents répondent maintenant à son besoin de dormir, plutôt qu'à tout autre désir (vouloir être nourri, bercé, flatté, pris, etc.) durant les siestes. De plus, si on lui demande de faire l'effort de s'endormir à un moment où il n'a pas l'habitude de le faire, il a tout de même le droit de dire qu'il n'est pas d'accord. Pour les bébés et les enfants, le seul moyen d'y arriver est de pleurer. Il n'y a donc pas de répercussions à plus ou moins long terme de permettre aux bébés d'exprimer leur désaccord ou leur fatigue lorsqu'on répond à leur besoin de dormir. »

– **Andréanne :** Re-bonjour madame Langevin, cela fait maintenant dix jours que j'ai repris la technique avec la bonne méthode ! Ma fille a maintenant 11 mois. Nous n'avons fait aucune sortie depuis la reprise et elle est maintenant au point où, MERCI MERCI, elle parvient à allonger ses siestes de plus en plus. Je trouve formidable de savoir que vous êtes là pour nous soutenir, nous les mamans qui sommes un peu perdues en matière de sommeil et tellement « insécures » en matière de pleurs, vous êtes vraiment extraordinaire ! Aux mamans qui sont un peu inquiètes de « laisser pleurer » leur bébé, je dirais ceci : Je n'ai jamais « laissé pleurer » mon bébé. Dans la journée, si elle pleure parce qu'elle a faim, je la nourris, si elle est souillée, je la change, si elle s'ennuie, je me fends en quatre pour l'amuser et voir un sourire apparaître sur son petit visage ! Si elle pleure parce qu'elle est fatiguée, en sécurité dans son lit, et qu'elle me fait savoir qu'elle n'est pas heureuse d'y être, je lui offre le cadeau de se laisser aller au sommeil et de s'endormir toute seule ! C'est difficile... oui... mais je ne me sens plus coupable ! Ma fille et moi on y est presque, je suis tellement fière de mes compétences de mère et des capacités insoupçonnées de ma fille !

Chapitre 10

LES RITUELS DE LA SIESTE

Des rites de sommeil s'observent chez de nombreux animaux. Cela se traduit par des actes préparatoires au repos qui sont répétés avant chaque endormissement. Le chien, par exemple, tourne en rond plusieurs fois sur place avant de se coucher pour inspecter les lieux et faire son nid en tapotant l'herbe au sol.

Le fait de se rendre dans un lieu particulier est aussi un rituel de préparation : le lapin ne dort que dans son terrier, tandis que l'ours a une prédilection pour les cavernes, creux de rocher et autres endroits protégés. Ces animaux sont ainsi assurés d'être tranquilles et à l'abri des prédateurs et des variations météorologiques pendant leur sommeil.

De même, le rituel de préparation à la sieste des enfants pourra consister en plusieurs étapes. Voici quelques exemples de rituels qui proviennent de différentes éducatrices et responsables en milieu de garde et qui inspireront les parents dans l'établissement de leur propre rituel à la maison. De telles habitudes sont utiles, car elles agissent comme un réflexe conditionné pour faciliter la venue du sommeil.

• **La routine de Ginette**

Je suis éducatrice en milieu familial depuis six ans. J'ai un groupe de cinq enfants. Je trouve essentiel de fonctionner avec une routine du dodo, surtout dans une garderie. Voici ma routine du midi et du dodo :

Nous mangeons autour de 11 h 30–11 h 45. Habituellement, le repas se passe bien, sans que je fasse d'interventions. Par la suite, tout le monde va se laver les mains tour à tour. Les enfants se brossent les dents et les amis qui vont à la toilette y vont aussi chacun leur tour.

Je commence à placer les matelas. J'essaie que chacun ait un endroit où il ne pourra voir l'autre ou être vu, afin de ne pas les inciter à parler ou à déranger les autres. Cela est demandant, car je dois le faire tous les jours (je dois déplacer les gros jouets que j'utilise comme séparateurs entre les enfants), mais le résultat est excellent, les enfants dorment paisiblement tout le long de la sieste. Les lumières sont tamisées à partir de ce moment-là.

Ensuite, chaque enfant va chercher en silence son panier qui contient son doudou et son toutou et l'installe sur son matelas. Pendant ce temps, je change les couches des plus jeunes.

Par la suite, c'est l'heure de l'histoire. Il faut savoir que dans mon milieu de garde, tous les enfants ont une responsabilité par jour et que celle-ci change tous les jours. Parmi ces responsabilités, il y a entre autres celle de choisir l'histoire avant le dodo. Cela évite la dispute pour savoir qui choisit l'histoire.

Les enfants s'asseyent autour de moi et je fais la lecture. Une fois la lecture terminée, ces derniers me font un câlin à tour de rôle et vont s'étendre chacun sur leur matelas. Je passe les voir un à un pour les couvrir. Ils s'endorment généralement assez vite.

- **La routine de Lyna**

Nous sommes deux éducatrices dans mon milieu de garde. Pour le temps de la sieste, nous avons mis sur pied un rituel qui fonctionne bien. Quand vient ce moment, mon assistante s'occupe de chacun d'eux, que ce soit pour leurs petits besoins, le lavage des mains ou le brossage des dents. Nous en profitons également pour faire les changements de couche qui s'imposent.

Pendant, ce temps, si tout va bien, je me charge d'installer les parcs pour les plus jeunes et les matelas pour les plus grands, lesquels d'ailleurs se chargent d'étendre leur propre couverture. Lorsque tous les préparatifs sont terminés, nous leur racontons une histoire. Si les enfants sont calmes et réceptifs, en plus de leur donner le plaisir de la choisir, il nous arrive même de leur faire la lecture de plusieurs histoires, car certaines d'entre elles sont très courtes. S'il leur arrive toutefois d'avoir la bougeotte, nous faisons un exercice pour les aider à se débarrasser de ce trop-plein d'énergie, comme celui de la « guenille », par exemple. Il s'agit d'un exercice d'étirement où les enfants, debout sur leur matelas, s'étirent 4 à 5 secondes en levant leurs bras vers le haut puis en les laissant retomber mous comme une guenille. Nous leur faisons répéter trois à quatre fois l'exercice en nous assurant qu'ils conservent leur calme, pour les amener dans un état de relaxation et de détente. Nous procédons ainsi seulement si le besoin se fait sentir.

Après les histoires, ou les exercices s'il y a lieu, chaque enfant se couche sur son matelas et nous terminons par la tournée des câlins et des bisous tout en leur souhaitant une bonne sieste.

• **La routine de Chantal**

Ma routine de dodo commence vers 12 h 30 pour se terminer vers 13 h. Vers 12 h 30, nous sommes installés à la table de cuisine et je sors des jeux de table calmes pour les enfants, par exemple des casse-tête, livres de lecture, crayons, etc.

Chacun fait sa routine seul afin d'éviter les temps morts et les conflits. Pour ce faire, l'ami du jour (par ordre alphabétique de prénom) est celui qui a le privilège de commencer. Il va dans un premier temps à la toilette, ensuite, il se lave les mains et termine en se brossant les dents. Je peux observer les enfants en tout temps. Par la suite, il installe son matelas avec ses choses personnelles (toutou, doudou, tétine) qui sont situées dans la pochette identifiée à sa propre couleur. Il doit faire ce rituel de façon autonome et dans le calme. Il est évident, cependant, qu'il peut solliciter mon aide en tout temps. Les enfants aiment sentir qu'ils sont autonomes et cette routine les aide à y parvenir.

Ensuite, c'est l'ami du jour qui décide qui sera le prochain à faire sa routine et ainsi de suite, jusqu'à ce que cela soit terminé. Les enfants reviennent à la table à tour de rôle pour jouer calmement entre chaque routine. Pendant ce temps, je change la couche de mon plus jeune et je vais le coucher dans une chambre à part dans un parc, car il a besoin de plus de repos que les autres.

Une fois le bébé couché, nous nous dirigeons calmement vers le lieu de la sieste et l'ami du jour choisit l'histoire. Chaque ami prend toujours la même place et mon milieu familial est installé de façon à ce que chacun ait un minimum d'intimité, même si tous les enfants sont dans la même pièce. Pendant ce temps, je ferme la toile et tamise les lumières. Chacun doit s'installer sur son matelas et bien écouter l'histoire. Personne ne peut manipuler le livre avant la sieste, seulement après le repos. Nous revenons toujours sur l'histoire après le réveil. Je pose des questions aux enfants pour savoir comment ils ont imaginé les personnages et l'histoire, et je suis étonnée chaque fois d'entendre leurs réponses. C'est très rare qu'ils imaginent la même histoire de la même façon. Je dois dire que les enfants attendent avec impatience ce moment... ce qui les incite à s'endormir rapidement. Ils me racontent souvent avoir rêvé à l'histoire et parfois, nous pouvons développer sur le sujet pendant un bon moment, ce qui permet un réveil tout en douceur.

Bon, je reviens à mon rituel. Après l'histoire, je ferme les lumières et je donne un bisou soufflé à chacun d'eux, qui le conserve en faisant le geste de la fermeture éclair sur sa bouche. Par la suite, chaque enfant tire son petit rideau imaginaire sur ses yeux et c'est alors qu'il comprend qu'il est maintenant temps de faire la sieste. Par cette mise en scène bien imagée, l'enfant est en mesure de comprendre qu'il lui est maintenant interdit de parler et de se relever pour jouer et j'ai toujours grand plaisir à les voir faire cette gestuelle.

C'est une copine qui m'a proposé l'idée géniale d'avoir un « ami du jour », car je vivais beaucoup de conflits durant cette période. De cette façon, chaque jour, les amis ont hâte de découvrir qui sera le premier à aller à la salle de toilette et surtout à avoir le privilège de choisir le livre. L'ami du jour m'a épargné bien des soucis ! De plus, cela permet à l'enfant de se sentir spécial lors de cette journée et j'installe même une affiche avec sa photo, lui donnant encore plus d'importance.

J'ai aussi établi des règles de repos bien précises et claires, lesquelles sont d'ailleurs mises en images sur une autre affiche. J'utilise beaucoup de repères visuels et cela aide les enfants à bien comprendre ce que j'attends d'eux.

La période de la sieste se déroule donc beaucoup mieux maintenant et les enfants se sentent valorisés et sécurisés par la mise en place d'une routine.

- **La routine d'Isabelle**

    – 11 h 30 : Dîner à la cuisine en haut.

    – 12 h : Brossage des dents, toilette, lavage des mains et retour dans le milieu de garde pour des jeux calmes (coloriage, lecture, casse-tête).

- 12 h 30 : Rangement et préparation des matelas, je tamise les lumières.

- 12 h 40 : Lecture d'une histoire en groupe, assis par terre en cercle.

- 12 h 50 : Dodo sur leur matelas avec musique de relaxation. Je vais voir chaque ami pour lui faire un petit massage de pieds et de mains. Je leur explique ensuite mes attentes face à la sieste, c'est-à-dire qu'elle doit se faire en silence et que je vais revenir les chercher à 15 h lorsque la sieste sera terminée. Bisous, câlins et souhaits de bons dodos.

- 13 h 00 : J'éteins la musique et la lumière.

Si j'entends un enfant qui fait du bruit ou qui dérange les autres, je lui chuchote à l'oreille d'un ton ferme qu'il doit se calmer, se reposer et que s'il continue, il sera le dernier levé lorsque la sieste sera terminée ! Cette conséquence fonctionne très bien, mais je dois avouer qu'ils l'ont auparavant mise à l'épreuve ! En conservant ma constance et ma cohérence, je n'ai pratiquement plus à intervenir durant cette période.

- **La routine de Nicole**

Lorsque j'ai ouvert mon milieu de garde, je dois avouer que la période de la sieste était ardue et loin d'être agréable, autant pour les enfants que pour moi. Même si mon rituel semblait calme au premier abord, il n'en demeurait pas moins que je devais leur demander de ne plus parler lorsqu'il était terminé. Je me sentais même obligée de demeurer sur place car plusieurs tout-petits avaient la bougeotte et la parlotte faciles. Et si j'avais le malheur de quitter la pièce avant que tous soient profondément endormis, la conversation reprenait de plus belle. Ce n'était vraiment pas de tout repos !

Avec le temps, j'ai instauré une nouvelle approche et cela va beaucoup mieux. Voici donc mon horaire qui se déroule toujours aux mêmes heures :

- 11 h 30 - 12 h 15 : dîner.

- 12 h 15 - 12 h 30 : jeux libres et calmes.

- 12 h 30 - 12 h 45 : brossage des dents, toilette, lavage des mains.

– 12 h 45 - 13 h : préparation de la pièce (matelas, doudou, etc.) et activité calme sur leur matelas.

– 13 h - 15 h : sieste.

Voici le déroulement :

– Juste après la routine de la toilette, je leur fais faire un petit exercice (tiré de la formation à distance sur la sieste et disponible sur educatout.com), soit celui de « Robot/Poupée de chiffon » ou celui de « Menton long/Bedon rond ».

Les voilà détaillés :

– *Robot/Poupée de chiffon* :

Faites-leur tenir la pose *robot* pendant 10 à 15 secondes, position dans laquelle ils vont contracter tous les muscles de leur corps en même temps. Ensuite, faites-leur tenir la pose *poupée de chiffon*, position dans laquelle ils laissent leur corps mou, presque inanimé. Cet exercice se réalise étendu sur le matelas. Vous le répétez cinq ou six fois. Pas question de laisser cet exercice de détente dégénérer en excitation. Soyez calme, douce et ferme durant cette détente.

– *Menton long / Bedon rond* :

Étendu au sol, voire sur leur matelas, en vue de la sieste. Cette fois-ci, vous leur donnez les directives suivantes : *Bedon rond, menton long*. Vous mimez en même temps, c'est-à-dire que vous respirez par le ventre et que votre bouche est ouverte pour respirer, comme si le menton était tiré vers le bas. Répétez ces directives en les mimant une dizaine de fois à voix basse. Incitez les enfants à garder les yeux fermés et à mettre leurs mains sur leur ventre pour sentir ce dernier se gonfler.

Je les ai fait répéter auparavant afin qu'ils apprennent à le faire sans s'exciter. Par la suite, j'ai intégré cet exercice à la routine juste avant qu'ils ne s'installent sur leur matelas. Une fois qu'ils s'y sont bien installés avec leur doudou, toutou et tétine, je fais de grands bâillements en leur demandant de m'imiter. Une fois ce petit jeu terminé, je les avise que je quitte les lieux, qu'ils sont assez grands pour dormir seuls maintenant ! Je parle d'un ton ferme et je suis convaincante, croyez-moi ! Je garde toujours une oreille attentive, je ne suis jamais loin d'eux, mais ils ne me voient pas.

À ma grande surprise, dès la première fois, le résultat fut exemplaire ! Tous se sont endormis sans jaser ni bouger excessivement. Je me suis dit que c'était un coup de chance ! J'ai réessayé le lendemain et le surlendemain et tous les après-midi et, chaque fois, la sieste s'est déroulée merveilleusement bien !

Anciennement, il y avait même une petite fille de 3 ans qui ne voulait jamais dormir et très rarement, elle se laissait aller au sommeil. Maintenant, elle est une des premières qui tombe endormie. Il faut dire que lorsque je restais dans la même pièce qu'eux au moment de la sieste, elle me regardait souvent pour savoir si j'y étais encore. Je crois que c'était sûrement pour ne pas dormir...

- **La routine de Kathy**

  Voici ma routine :

  - 11 h 20 : Lavage des mains et dîner selon le *Guide alimentaire canadien*.

  - 12 h à 12 h 45 : Jeux calmes (*Virevolte le mouchoir* ou *Massage à deux*). Toilette, lavage des mains, brossage des dents. Installer matelas et literie.

  Les voilà détaillés :

  - *Virevolte le mouchoir :*

    Pour faire cette activité, vous n'avez besoin que d'un mouchoir très mince (pour un meilleur résultat, prendre un papier mouchoir que vous dédoublez). Lorsque l'enfant est allongé sur le dos, déposez à plat un papier mouchoir sur sa bouche et dites-lui de souffler sur le mouchoir pour le faire voler. Il peut le faire avec son nez ou sa bouche. Vous le faites recommencer cinq ou six fois. Avant l'exercice, il est important de se moucher pour dégager les narines.

– *Massage à deux :*

Vous jumelez les enfants deux par deux afin qu'ils puissent mutuellement, et à tour de rôle, se faire un petit massage. Par exemple, une voiture jouet qui roule délicatement dans le dos, une balle de tennis qui roule doucement sur un bras ou simplement une plume qui caresse gentiment le front. Les plus jeunes ont parfois besoin d'aide.

Les enfants trouvent l'activité amusante au départ, mais la relaxation prend vite le dessus.

– 13 h : Je couche les enfants un à un et toujours au même endroit, chaque enfant séparé de l'autre dans un petit coin de la pièce. Je les recouvre, leur fais un « colleux » et leur donne un bisou. Ensuite, j'exige le silence et tous s'endorment !

• **La routine de Gisèle**

Après le rangement des objets utilisés pour les jeux calmes, les enfants enlèvent leurs chaussures et les rangent.

Par la suite, je les dirige à tour de rôle vers la salle de toilette (pipi, brossage des dents, lavage des mains). Dans l'attente, ils s'installent à la table pour regarder un livre. Le but est de limiter les courses et poursuites effrénées, les chamailleries et les acrobaties.

Dès que tout le monde est passé, je ferme la porte de mon local, je tamise les lumières et je ne laisse qu'une toile levée. Chacun vient chercher son matelas (tapis de sol) et s'il le désire, il l'installe à la place qui lui est habituellement réservée et je m'assure de disposer les autres. Après, je chante : « C'est Gisèle qui va raconter une histoire à sa manière... » Les enfants viennent s'asseoir en Indien autour de moi et je leur raconte une histoire interactive ou interprète les images d'un livre qui suscite leur intérêt. Je termine toujours sur une note qui les invite à faire dodo.

Ensuite, ils s'étendent sur leur matelas respectif. Il arrive que l'on fasse le petit Bouddha quand j'estime qu'ils ont de la difficulté à se détendre. Cet exercice consiste à chanter un mantra, soit le « Aummmmmm... » tout en gonflant et dégonflant le bedon.

Dès qu'ils sont installés, je ferme la dernière toile et je vais les voir à tour de rôle. Je leur frotte le dos, je leur donne un bisou, je les couvre en demandant « tortue ? » ou « étoile de mer ? » (Tortue : complètement recouvert ; étoile de mer : les pieds et les mains non recouverts). Finalement, je leur dis *Bon dodo !* Au bout de 10 minutes, lorsque l'autre éducatrice arrive, parce que c'est le temps de ma pause, tous sont calmes et la majorité dort déjà !

- **La routine de Nancy**

Immédiatement après le dîner, soit vers 12 h 15, je laisse les enfants en jeux libres que j'aurai au préalable sortis d'avance. J'essaie de varier à chaque journée. Par exemple, une journée, c'est « blocs – petites voitures – M. Patate », une autre journée c'est « dessins – Barbie – casse-tête ». Pendant ce temps, mon assistante et moi ramassons les restes du dîner. Je mets aussi de la musique douce durant cette période.

Par la suite, mon assistante lave la vaisselle et je m'occupe d'amener les enfants deux par deux pour leur faire brosser les dents. C'est aussi l'heure de la pause pipi et des changements de couches.

Vers 12 h 45, je fais faire un exercice de relaxation aux enfants. En voici deux exemples :

– Avec une balle de tennis, chacun la fait rouler sur différentes parties de son corps : bras, jambe, plantes des pieds, visage.

– La chaise berçante : j'invite les enfants à s'asseoir en Indien et on se balance soit d'avant en arrière, soit de gauche à droite, parfois, on chante une berceuse en même temps : *Fais dodo, Colas mon petit frère, fais dodo, tu auras du lolo. Fais dodo, Colas mon petit frère, fais dodo, tu auras du lolo...*

Après la séance de relaxation, on installe les matelas, on distribue les doudous et chacun s'installe doucement pour l'histoire. J'aime beaucoup lire des *Martine* ou les petits livres de *Monsieur* et *Madame*. Je laisse les livres sur la table afin que l'on puisse les regarder ensemble au réveil. Après l'histoire, je distribue les toutous et souhaite à chacun un bon repos tout en les « couvertant », comme disent si bien les enfants, bref en les couvrant !

Le rituel idéal est celui qui permet à l'enfant d'aller au lit sur une note positive. Les parents et éducatrices peuvent prendre l'habitude de dire à chaque sieste à l'enfant ce qu'ils aiment de lui ou un mot doux. De telles paroles d'amour favorisent aussi les beaux rêves.

Chapitre 11

METTRE EN PLACE
UN RYTHME DE SIESTES[*]

Tel que je l'ai mentionné au début du livre, il est important de commencer l'apprentissage au sommeil, en soirée, soit par le dodo de nuit. Le parent peut par la suite s'occuper des dodos de jour, en commençant dès le lendemain matin avec la première sieste, ou encore quelques jours plus tard, le temps que la dette de sommeil (surtout dans le cas du bébé qui ne savait pas s'endormir seul de nuit comme de jour) puisse être récupérée... autant du côté du parent que de celui du bébé.

---

* Bien que ce chapitre s'adresse particulièrement aux parents, le personnel éducateur y trouvera des informations pertinentes.

Lorsque le bébé a environ 3 mois, le parent qui le souhaite peut mettre en place un rythme de sommeil en établissant un horaire précis des siestes de l'enfant, par exemple :

- Lever entre 6 h 30 et 7 h
- Première sieste : de 8 h 30 à 10 h 30
- Deuxième sieste : de 12 h 30 à 15 h
- Troisième sieste : de 16 h 30 à 17 h 15
- Dodo pour la nuit : entre 19 h et 19 h 30

Aussi, durant le processus d'apprentissage, il est très important de permettre au bébé de dormir dans son environnement de sommeil (dans son lit et à la pénombre) pour toutes les siestes de la journée, et ce, tant et aussi longtemps que le rythme n'est pas en place, c'est-à-dire qu'il fait de belles et longues siestes lui permettant d'être de bonne humeur, reposé et disponible pour toute forme de stimulation entre les périodes de sommeil.

De plus, si ce n'est pas déjà en place, assurez-vous de faire un rituel du lever afin que le bébé n'associe pas ses pleurs à votre intervention à la fin de la période de sieste, mais plutôt au fait que la période de dodo est terminée. Le rituel du lever consiste à entrer dans la chambre, à saluer le bébé (même s'il pleure fort) et à aller directement lever la toile. Ensuite, vous revenez devant le lit de votre bébé et cette fois-ci, vous l'aidez à se calmer en le laissant s'apaiser dans son lit. Vous pouvez lui parler avec amour et humour, lui sourire et l'encourager, sans le toucher ou le caresser toutefois. Une fois qu'il s'est calmé (il peut pleurer encore un peu, mais de façon beaucoup moins intense), vous le sortez du lit, le félicitez et la journée continue.

Le rituel du lever devrait se faire chaque fois que le bébé aura assez dormi et que ce sera le moment de le sortir de son lit. Ainsi, si vous devez intervenir durant une période de repos (que ce soit la nuit ou durant une sieste) pour quelque raison que ce soit, il saura que le dodo n'est pas terminé puisque vous n'aurez pas levé la toile de sa fenêtre de chambre.

Enfin, avant de vous engager dans l'instauration d'un rythme de sommeil diurne, assurez-vous d'avoir au moins de deux à quatre semaines d'affilée devant vous où la routine de bébé ne sera pas bousculée. Il est inutile de débuter deux jours avant les vaccins ou une semaine avant les vacances d'été et encore moins s'il est présentement malade ou médicamenté, car vous devrez forcément cesser la routine pour le soigner. Par ailleurs, si une activité familiale est prévue (Pâques, Noël, la fête des Mères ou la fête des Pères, un mariage, etc.), attendez qu'elle ait eu lieu avant de débuter. De plus, la saison la moins évidente pour mettre en place un tel apprentissage est l'été, car les promenades en poussette sont un appel divin ! De là l'importance d'être prête lorsque vous déciderez de vous « attaquer » au sommeil de jour de votre enfant. S'il a la possibilité de dormir encore ailleurs que dans son lit une fois sur deux ou sur trois, le bébé est confus et devient plus combatif face à son sommeil, le rythme est alors plus long à mettre en place.

Voici les particularités à chaque âge.

Entre 3 mois et 7-8 mois

C'est habituellement à cette période que les parents entreprennent l'apprentissage au sommeil. La stratégie utilisée pour le dodo du soir et de nuit peut aussi être utilisée pour celui de jour. L'intervention du parent est utile si le bébé pleure fort : elle permet de rassurer le parent sur l'état du bébé et aide ce dernier à se calmer. On peut mettre en pratique la stratégie des 15 secondes qui consiste à prendre l'enfant selon un décompte particulier (pour plus de détails, voir le livre *Le sommeil du nourrisson*). Ou encore la stratégie des 5-10-15 minutes qui consiste à retourner voir l'enfant dans la chambre pour lui dire que tout va bien et à quitter sans le prendre, et ce, à intervalles de plus en plus longs (pour plus de détails, voir le livre *Comment aider mon enfant à mieux dormir*). Ou même tout simplement une stratégie inventée par les parents et qui fonctionne à merveille, car elle permet au bébé de se détendre et de s'endormir par lui-même. Certains parents ne font que retourner dans la pièce et mettre une main quelques secondes sur le corps de bébé, tandis que d'autres se pointent au cadrage de porte et ne font que des « chchcchchchch... » à distance.

La plus grande faille lorsqu'un bébé de cet âge apprend à dormir le jour est d'intervenir trop souvent. Si le bébé ne fait que chigner, il exprime en fait qu'il est sur le point de s'endormir, qu'il trouve cela difficile, mais qu'il va y arriver. Il ne faut donc pas intervenir ou du moins, ne pas se faire remarquer, si le parent souhaite aller le voir, car la présence de ce dernier dérange à coup sûr le bébé qui apprend à se laisser aller au sommeil. Il en est de même pour celui qui jase.

Une fois endormi, s'il s'éveille en pleurant c'est le premier signe qu'il n'a pas assez dormi. Il faut donc éviter de le stimuler par votre présence. Si vous tenez absolument à lui rendre visite, faites en sorte de ne pas le déranger, car vous risqueriez de le mettre en colère s'il voit que vous n'obtempérez pas à son désir... soit celui d'être avec vous, malgré sa fatigue apparente.

Le bébé qui n'a pas réussi à s'endormir ou a dormi très peu durant la période de sieste ne peut être laissé dans son lit plus longtemps que la durée de sommeil l'exige (soit 2 heures en avant-midi, 2 heures et demie en début d'après-midi et 45 minutes en fin d'après-midi). On doit aussi répondre à ses autres besoins, soit celui de manger, de jouer, d'être touché, d'apprendre, etc. Il se reprendra à la prochaine sieste. Cependant, si vous constatez que sa fatigue est trop grande et qu'il risque de s'endormir plus tôt que prévu, empressez-vous d'aller le porter directement dans son lit.

De 9 mois à 2 ans

Le bébé sait se tourner dans sa couchette et adopter la position qui lui semble la plus confortable. Il sait s'asseoir et le pratique inlassablement... dans son lit, faisant en sorte de retarder son endormissement. Ou encore le bébé qui sait se lever se met debout dès que le parent quitte la chambre, et se met à pleurer à chaudes larmes. Un bébé qui faisait de très belles siestes peut se mettre à diminuer graduellement son temps de sommeil, pour finalement se réveiller en pleurs ou en hurlant au bout de 45 minutes de repos.

Comment réagir ? Très simple, mais très demandant, autant pour le bébé que pour son parent. Il suffit de le coucher à une heure régulière pour les deux siestes et surtout d'aller le chercher à heure fixe, soit uniquement à la fin de la période de repos. Vous êtes tentée de retourner le voir pour le calmer ? Faites l'expérience. S'il se calme et s'endort par la suite, bravo ! C'était ce qu'il fallait faire. S'il se met en colère et crie encore plus fort à votre départ... oups, il aurait été préférable de ne pas retourner le voir. Les cris stridents du bébé n'ont rien à voir avec la peur ou la panique. Il exprime simplement sa colère, car à ses yeux, votre intervention auprès de lui n'est pas cohérente avec vos mots. Par exemple, lorsque vous dites : « C'est dodo, tu n'as pas assez dormi, on se revoit tantôt ! » Le bébé qui vous voit ne comprend pas pourquoi vous ne le prenez pas pour le sortir du lit, et ce, même s'il est encore très fatigué. Assurez-vous donc de répondre à ses besoins. S'il s'agit de vos propres inquiétudes, rappelez-vous qu'il a le droit de s'exprimer, que la colère est une émotion saine qui doit être exprimée et non pas refoulée.

La plus grande faille à ce stade-ci est de croire que bébé n'a plus sommeil s'il pleure beaucoup et ne se rendort pas les premières journées durant le processus d'apprentissage. En allant le chercher, il se sent plutôt récompensé... d'avoir défendu son point de vue avec autant de vigueur ! Il est donc motivé à répéter son comportement aussi souvent que nécessaire. Le dodo devient alors un combat où tout le monde y perd : l'enfant est épuisé et énervé, et le parent frustré et découragé !

Votre constance et votre persévérance seront vos meilleurs atouts !

Vers 3 et 4 ans

À cet âge, le petit dort généralement dans un lit d'appoint lui permettant ainsi de se relever à sa guise et de venir vous trouver au salon ou à la cuisine... ou même dans votre chambre si vous aussi aviez profité de ce moment pour faire la sieste ! Les parents qui décident de faire un somme dans la même pièce ou le même lit que leur enfant, doivent savoir que cela ne porte généralement pas préjudice aux conditions autonomes d'endormissement de nuit. Cependant, impossible de sauter ce moment de repos ou d'espérer le voir s'endormir dans d'autres conditions le jour si vous êtes ailleurs ou si vous aimeriez faire autre chose. Il vous réclamera jusqu'à ce que vous cédiez... les enfants sont ainsi. Si vous changez leurs habitudes de sommeil, ils vont tester cette nouvelle limite aussi fort qu'ils en ont l'énergie. Donc, si vous ne désirez pas dormir avec vos enfants durant la journée... ne commencez pas et sachez que pour eux, une exception est perçue comme une occasion à exploiter. Par ailleurs, comme l'éducatrice ne dort pas avec lui dans son milieu de garde, ne soyez pas surprise de le voir faire ses siestes comme un grand à la garderie, mais pas à la maison.

Si votre enfant se relève, il convient de mettre une barrière de sécurité dans sa porte de chambre, le limitant ainsi à cet environnement. Il faut évidemment avoir retiré tout banc ou objet quelconque sur lequel il pourrait grimper pour enjamber la barrière. Si l'enfant n'est pas stimulé par votre présence, ni par des jouets, des livres ou la télévision, vous le verrez revenir à un sommeil diurne de qualité.

Une autre façon de faire est de lui donner un point de repère pour lui indiquer la fin de la période du dodo en installant une minuterie dans une prise de courant, sur laquelle vous branchez sa lampe de chevet. La lumière s'allumera donc seulement à l'heure désirée. Évidemment, l'enfant est avisé que tant que la lumière n'est pas allumée, il est inutile d'appeler, car c'est l'heure du dodo et que personne ne viendra. Une fois que cette dernière s'allume, il est important de ne pas le faire patienter afin de demeurer cohérent. L'enfant est autorisé à sortir de la pièce, à la fin de la période de la sieste, lorsque la lumière est allumée, et seulement s'il s'est calmé.

La plus grande faille pour ce groupe d'âges est de manquer de conviction face à l'importance d'une sieste régulière. Si vous n'êtes pas convaincue du bien-fondé de ce temps de repos, soyez assurée que votre enfant le ressentira et rien de ce que vous mettrez en place n'aura le succès escompté... alors qu'en garderie, il continuera de très bien dormir durant cette période.

Vers 4 et 5 ans

La période de sieste a considérablement diminué pour ce groupe d'âges, mais est encore nécessaire. Il s'agit maintenant d'un temps de repos où l'enfant est allongé sur son lit, sans stimulation quelconque. Au bout de 45 minutes, s'il n'a pas dormi et est de bonne humeur, il peut être autorisé à se relever.

La barrière de sécurité est encore de mise... à moins qu'il ne l'enjambe sans aide. À ce moment, il convient de mettre en place une autre stratégie qui consiste à exiger, à la fin de la période de sommeil uniquement (en l'ayant avisé au préalable de cette conséquence, s'il ne demeure pas tranquille dans son lit), qu'il demeure 4 ou 5 minutes (selon son âge : 1 minute par an), étendu dans son lit en étant calme et sans faire de bruit. Vous devrez bien évidemment chronométrer cette période à plusieurs reprises les premières fois, car il testera cette limite (en se relevant, en frappant ou en criant). Mais en étant constant et persévérant, vous verrez que le nombre d'épisodes chronométrés diminuera, car il aura compris qu'il vaut mieux cesser ce comportement durant cette période, et il aura appris à profiter de ce temps d'arrêt d'une durée de 45 minutes avec calme et sérénité. Un acquis qui lui sera profitable dans bien d'autres situations d'ailleurs.

La plus grande faille ici est de croire qu'il est inadéquat de laisser dans son lit un enfant qui ne dort pas. Pourtant, cette période d'arrêt est salutaire pour quiconque désire s'en prévaloir, pourquoi pas pour ce groupe d'âges aussi ! Même si certains enfants ne font plus de sieste à la maison dès l'âge de 4 ans (encore obligatoire en milieu de garde – et fortement suggérée en maternelle et en première année), le corps et l'esprit demandent ce temps d'arrêt. Ne pas s'endormir durant ce temps d'arrêt est ressenti comme un repos tout aussi bénéfique. Essayez-le... vous ne voudrez plus vous en passer !

Et une fois le rythme des siestes bien établi ?

Votre enfant dort bien ! Bravo ! Je vous lève mon chapeau, car votre petit et vous avez fait tout un travail.

Toutefois, certains parents aimeraient croire que le rythme des siestes est réglé... pour la vie, mais ce n'est pas le cas. Il y a aura la maladie, les vacances, une activité incontournable à l'heure prévue pour de temps de repos, etc., qui risquent de venir perturber l'équilibre mis en place. Rassurez-vous, tout ne sera pas à refaire, mais vous aurez quelques journées difficiles à vivre de part et d'autre avant de retrouver l'harmonie des siestes. Cela fait partie de la vie des parents... et des enfants !

Et les grands-parents ?

Certains parents s'inquiètent que les grands-parents, en gardant leur enfant de temps à autre, viennent nuire aux habitudes de sommeil mises en place par eux, s'ils n'appliquent pas les mêmes règles. Ne vous en faites pas chers parents, les bébés et les enfants s'adaptent à l'adulte qui en prend soin. Si votre mère ou votre belle-mère apprécie bercer bébé pour l'endormir ou encore s'étend avec lui au moment de sa sieste, cela appartiendra à leur relation et restera en beaux souvenirs gravés dans la tête et le cœur de l'enfant et de son grand-parent, au fil des années. Cependant, ne vous méprenez pas ! Si les grands-parents agissent ainsi alors que vous êtes présents, vous risquez de perdre votre crédibilité et des problèmes risquent de survenir à l'heure du dodo. Donc, rappelez-vous que si ces derniers gardent vos enfants de temps à autre, chez eux ou chez vous, en votre absence (c'est le mot clé !), vous pouvez les laisser jouer leur rôle de grands-parents... gâteau !

Chapitre 12

L'INTÉGRATION DE LA SIESTE EN MILIEU DE GARDE[*]

La planification des siestes est importante, elle doit s'ajuster en fonction de l'âge et des besoins en sommeil de l'enfant. Le nombre à respecter dans la journée varie selon l'âge de l'enfant (voir le tableau au chapitre intitulé « Le bon dosage »). Même si certains enfants souhaitent l'abandonner en exprimant haut et fort (par des pleurs et des cris) qu'ils ne veulent pas dormir, nous pouvons entendre leur désir, leur dire qu'ils ne sont pas obligés de dormir, mais les coucher obligatoirement. Il n'est pas rare alors de les voir s'endormir.

---

[*] Bien que ce chapitre s'adresse particulièrement au personnel éducateur, les parents y trouveront des informations pertinentes.

Cependant, la plus grande problématique en milieu de garde est lors de l'intégration des enfants. Certains bébés arrivent en ne sachant pas s'endormir par eux-mêmes ou encore en ne possédant aucun rythme de siestes ou bien encore, en ne faisant pas de siestes d'une durée adéquate. Il va sans dire que cela angoisse certaines éducatrices et responsables en service de garde et on le serait sans doute à moins ! Lors de la visite d'un parent en recherche d'un milieu de garde, vous pourriez lui remettre une fiche sur laquelle vous auriez pris soin d'indiquer les règles de votre milieu, dont celles pour les siestes. En matière de sommeil diurne, ces dernières pourraient se résumer ainsi :

- Une période d'arrêt quotidienne est obligatoire pour tous les enfants de tous les groupes d'âges. La sieste et la période de repos débutent entre 8 h 30 et 9 h (poupons uniquement) le matin, et entre 12 h 30 et 13 h en début d'après-midi.

- Les parents ne peuvent pas exiger que leur enfant ne fasse pas de sieste ou ne participe pas à la période de repos. Les plus jeunes feront la sieste (6 mois à 3-4 ans), tandis que les plus vieux (4-5 ans) s'étendront sur leur matelas pour une période de repos de 45 minutes. Aucun enfant n'est obligé de dormir. Toute source de stimulation sensorielle est éliminée toutefois durant cette période : éclairage, musique, télévision, circulation et déplacement.

- Si l'enfant s'endort, on le laissera s'éveiller par lui-même. Par contre, ce temps de repos ne dépassera pas 10 h 30 pour la sieste du matin afin de ne pas nuire à celle du début d'après-midi, et 15 h pour la sieste d'après-midi afin de ne pas nuire au sommeil de nuit. S'il dort encore à 10 h 30 ou à 15 h, il sera réveillé en douceur afin de ne pas le brusquer. Quant aux plus vieux (4-5 ans), ils seront autorisés à regarder un livre après la période de repos et par la suite à faire une activité calme qui ne dérange pas le reste du groupe.

- La période qui précède le coucher est réservée aux activités calmantes et aux démonstrations affectueuses et chaleureuses, qu'il s'agisse de le prendre, de le masser, de le bercer, de lui parler, de lui lire une histoire ou de lui chanter une berceuse, mais pas dans le but de l'endormir.

- Les enfants s'endorment en tout temps sur leur matelas ou dans la couchette (ou le parc). Le personnel éducateur n'est pas tenu de les endormir, son rôle étant plutôt de favoriser leur autonomie dans le processus d'endormissement et de leur créer de bonnes habitudes de sommeil. Les petits qui n'ont pas appris à s'endormir seuls l'apprennent. Ceux qui ont un doudou, une tétine ou un toutou sont autorisés à les avoir auprès d'eux uniquement durant la période de sieste ou de repos. Aucun biberon ne sera utilisé pour endormir le bébé. Le tout-petit qui désire boire le fera donc en position assise ou semi-assise (légèrement étendu) avant de s'allonger pour dormir.

- Les habitudes personnelles des enfants seront respectées au début de la sieste : se bercer, se tortiller une mèche de cheveux, jouer avec ses mains,

144

se blottir contre son toutou ou doudou, etc., pour autant que ce soit sécuritaire, hygiénique et non dérangeant pour les autres.

- Le personnel éducateur doit communiquer aux parents tous problèmes particuliers qui surviennent durant la sieste ou la période de repos de leur enfant : nervosité, changement dans ses habitudes de sommeil, pleurs inhabituels, etc. Les parents ainsi informés pourront former une équipe avec le personnel éducateur afin de comprendre l'enjeu et pouvoir y remédier.

Lorsque le bébé arrive pour la première fois en milieu de garde, tout n'est pas réglé pour autant. Les parents acceptent de se conformer aux directives, mais parfois, ils ne mettent pratiquement rien en place pour vous faciliter la tâche. Les parents sont très peu informés sur les besoins en sommeil de leur enfant, ce qui n'est donc pas étonnant.

La bonne nouvelle, c'est qu'il n'est pas essentiel (souhaitable, mais non nécessaire) que la routine et les conditions d'endormissement soient en tout point identiques à celles que l'enfant connaît à la maison. En intégration, il se retrouve dans un milieu différent avec des contraintes différentes et un adulte différent pour prendre soin de lui. Il fait face à un changement notable et perd ses points de repère. S'il est possible de reproduire ce qui se fait à la maison dans le nouveau milieu de garde, tant mieux et on le met en place ; sinon, dans le cas contraire, soyez sans crainte car l'enfant saura s'adapter à son nouvel environnement.

La plus grande faille lors de l'intégration d'un enfant, c'est le manque de rigueur. Votre réussite est beaucoup plus reliée à la rigueur que vous mettez dans vos actions et à la continuité que vous déployez dans vos efforts qu'au fait d'avoir des enfants faciles ou de la chance. Nous sommes souvent portés à croire que ce qui a fonctionné avec un bébé fonctionnera pour tous les autres, mais ce n'est pas suffisant. Ce qui fait vraiment la différence, c'est plutôt la constance, la régularité et la persévérance que vous mettez dans vos actions à l'égard de cet apprentissage, et les améliorations que vous y apporterez en cours de route afin d'atteindre le but ultime : permettre à l'enfant de s'endormir seul, dans un délai raisonnable et de faire de belles siestes satisfaisantes. Cette rigueur, il va de soi, s'applique aussi aux parents.

Trop d'éducatrices et de responsables en service de garde (et de parents bien entendu) ont l'impression que ceux qui arrivent à bien faire dormir leur groupe d'enfants sont plus chanceux qu'eux, qu'ils sont plus talentueux ou encore qu'ils ont plus d'aptitudes, ce qui en fait, est rarement le cas. La très grande majorité de ceux qui ont réussi ne le doivent finalement qu'à leur très grande détermination.

L'être humain est capable de choses merveilleuses et, si l'échec n'est pas une option, vous trouverez sans aucun doute le chemin pour atteindre le succès de cette démarche. Alors, mettez-y beaucoup de rigueur, croyez au potentiel du bébé et au vôtre, travaillez fort et les résultats exceptionnels ne pourront que faire leur apparition. Et de grâce, lorsque des collègues vous diront que vous êtes chanceuse d'avoir un « bon » groupe qui dort si bien, répondez-leur que ce n'est surtout pas une question de chance, mais plutôt la conséquence d'un investissement de persévérance, de patience, d'amour et de temps !

Lorsqu'un nouveau tout-petit commence les siestes en milieu de garde, il convient de le coucher en même temps que les autres enfants de son âge ou de son groupe, mais en retournant le voir à intervalles de plus en plus longs (5, 10, puis 15 minutes) et ce, s'il pleure fort uniquement. S'il ne fait que chigner ou pleurer sans grande conviction, faites en sorte d'aller le voir pour vous assurer que tout va bien, sans que le bébé vous voit, car votre présence risque de l'énerver dans l'effort qu'il est en train de mettre pour s'endormir. Évidemment, au préalable, le rituel a été fait et l'éducatrice a pris le temps de dire à l'enfant, d'une voix tendre et convaincante, que c'est l'heure du dodo et qu'il va très bien dormir. Au bout généralement de cinq à dix jours, le tout-petit s'est intégré et les siestes sont reposantes. Assurez-vous également de faire le rituel du lever, tel que décrit au chapitre précédent.

Cependant, deux problématiques peuvent venir miner la période de sommeil : l'enfant ne dort qu'un cycle à la fois (30-45 minutes) et s'éveille en pleurs, parfois même presque hystériques, ou bien il fait du tapage, dérangeant ainsi tous les autres enfants.

Encadrer la durée de la sieste

Lorsqu'il est question de prolonger la sieste dans le but d'atteindre une durée adéquate (soit environ 1 heure - 1 heure 30 le matin et l'après-midi chez les poupons, et 2 heures - 2 heures 30 en début d'après-midi chez les petits de moins de 4 ans), l'éducatrice et les bambins se livrent parfois tout un combat. La réussite de l'exercice dépendra de la conviction de l'éducatrice par rapport à sa démarche, et de l'obstination de l'enfant. La fermeté de l'adulte sera la clé du succès ! Dans le présent contexte, lorsque la stratégie a été choisie, « fermeté » signifie agir de façon cohérente lors de son application et maintenir fidèlement notre prise de position. Évidemment, il faut aussi faire preuve de gros bon sens en adaptant nos actions chemin faisant – si la situation se détériore, par exemple –, afin d'atteindre notre but : permettre à un enfant de faire une sieste de qualité et d'une durée suffisante.

La stratégie consiste simplement à le laisser dans un environnement de sommeil tant que la sieste n'est pas terminée. Évidemment, au préalable, l'éducatrice a avisé les parents de sa démarche et l'enfant aussi, c'est-à-dire que dorénavant on ne viendra le chercher qu'à la fin de la période de sieste. Quel que soit l'âge du bébé, il ressent le sens de votre message. Sachez cependant qu'il comprend tout ce que vous dites dès l'âge de 9 mois. Bien entendu, attendez-vous à ce qu'il réagisse, il ne sera pas du tout content et il l'exprimera haut et fort ! Libre à lui d'ailleurs !

S'il s'agit d'un jeune bébé, âgé de 6 à 18 mois environ, vous pouvez intervenir une fois ou deux lors de son éveil prématuré en lui parlant doucement, de 10 à 15 secondes, afin de le calmer. Toutefois, si vous voyez que vos interventions ne font que le mettre en colère, cessez d'aller le voir jusqu'au moment d'aller le chercher à la fin de la sieste.

Lorsque la période de sieste est terminée, au moment d'aller le chercher, il faut absolument lui dire de se calmer (faire le rituel du lever), à défaut de quoi, vous ne devez pas le sortir de sa couchette. Lorsqu'il s'est calmé, que ses pleurs ont diminué considérablement, vous le prenez et le félicitez d'y être arrivé. L'enfant ne doit surtout pas associer cris et pleurs avec le fait que vous veniez le chercher.

Lorsque le bébé verra qu'il n'est plus récompensé à hurler, crier ou pleurer au lieu de dormir, il finira par céder au sommeil et la partie sera gagnée. Généralement, il ne faut pas plus de cinq à huit jours consécutifs (ou presque, il y aura forcément un week-end où celui-ci fera ses siestes chez lui) pour y arriver, à la condition de ne pas céder à ses pleurs en allant le chercher. Si vous faites cela, il faudra recommencer la démarche à partir du début, sans compter qu'il deviendra confus face à vos attentes et donc plus combattif. Il faut s'attendre à ce que le sommeil des autres enfants soit perturbé pendant l'apprentissage du petit nouveau, mais plusieurs d'entre eux arrivent malgré tout à très bien dormir.

L'éducatrice doit demeurer calme et tendre en tout temps durant le processus. Le ton doit être ferme, mais elle ne doit jamais crier après un enfant qui pleure au lieu de dormir, car cela ne fera qu'aggraver la situation. Si vous croyez ne pas être capable de soutenir le bébé qui a pris de mauvaises habitudes de sommeil pour les siestes, il vaut mieux en aviser les parents afin qu'ils trouvent une autre place en garderie, lors du renouvellement du contrat. Cependant, les places étant tellement limitées, les parents préféreront vous aider à corriger la situation et seront très participatifs. Vous avez tout à gagner à informer les parents de votre état d'âme ! Impliquez-les !

Évidemment, si les parents suivent la même démarche à la maison pour le sommeil de leur bébé, la partie sera gagnée plus rapidement. Si les parents ne le font pas, n'ayez aucune crainte, le bébé reconnaîtra vos limites et celles de ses parents ! Ces derniers vous diront sans doute éventuellement que vous êtes chanceuse (vous !), car leur bébé fait des siestes à la garderie alors qu'en ce qui les concerne, ils n'arrivent pas à le lui permettre à la maison. S'il vous plaît, pour l'amour de cet enfant, dites-leur que la chance n'a rien à voir là-dedans et que le bébé et vous avez travaillé très fort pour atteindre cet équilibre. Dites-vous que ce sera un bon service à leur rendre.

Encadrer un enfant turbulent durant la sieste

Une autre difficulté que vivent les éducatrices à l'heure de la sieste est le tapage que font certains enfants pour éviter ce moment de repos ou pour combattre le sommeil. Ils bougent continuellement, font du bruit avec leurs mains, leur bouche ou leurs pieds, etc. La raison de ce comportement peut être due au fait que les parents ont avisé fermement leur enfant de ne plus dormir durant la sieste (eh oui, les parents font cela parfois !). Ils sont persuadés que leur chérubin dormira mieux le soir venu. Rien n'est plus faux ! Les enfants qui tardent à s'endormir le soir sont (neuf fois sur dix) simplement mal encadrés par des parents mal informés et parfois très épuisés. De par le fait de leur trop grande fatigue, ils ne réalisent pas les enjeux derrière les appels et levers continuels de leur enfant à l'heure du dodo. Ils tombent dans un piège infernal où ils sont portés à continuellement intervenir, et l'enfant finit par s'endormir tard le soir.

Malheureusement, ce n'est pas en coupant la sieste de l'après-midi que la situation s'améliorera en soirée. Et si elle s'améliore, c'est tout simplement que l'enfant est trop épuisé pour jouer son rôle d'enfant le soir venu, soit de tester la limite de ses parents. Un enfant qui n'a pas eu droit à la sieste de l'après-midi et qui prend l'habitude de s'endormir à bout de forces le soir développera presque inévitablement des troubles de sommeil. N'ayant pas appris à s'endormir autrement, avec le temps, il risque peut-être de devenir un adulte avec un profil insomniaque qui aura d'énormes difficultés à s'endormir dans des conditions de vie normales... ce qui n'est vraiment pas souhaitable.

L'enfant qui dérange les autres durant la sieste a un comportement inacceptable ! Vous devrez aviser les parents de la situation et leur demander leur collaboration dans le sens où vous devrez vous mettre d'accord, vous l'éducatrice et eux les parents, sur la marche à suivre afin de faire cesser ce comportement désagréable au moment de cette période de repos.

La première étape est toujours d'aviser l'enfant qui dérange durant la sieste que son comportement ne sera plus toléré et qu'il sera réprimandé s'il ne cesse pas. Parfois, il suffit de l'aviser pour qu'il y ait un changement marqué. Ici, encore une fois, répétons-le, n'exigez pas de l'enfant qu'il dorme. Il n'est pas rare d'ailleurs de le voir s'endormir en voulant s'opposer à l'autorité de l'adulte.

La deuxième étape est d'ignorer son comportement, dans la mesure du possible. Si son but est d'attirer votre attention pour obtenir des faveurs (souvent, à notre insu, ce sont les plus turbulents qui ont le plus d'attention), voyant qu'il n'est plus récompensé, il cessera de se comporter désagréablement.

La troisième étape est de le mettre en retrait des autres, ou en isolement, en utilisant un meuble comme écran afin qu'il ne voit pas ses copains ; ou encore, on peut également le transférer dans une autre pièce si l'environnement le permet.

Une dernière étape serait de créer un tableau des dodos. Chaque jour, si l'enfant s'endort calmement, il a le droit d'y apposer un collant. Le but ici est de faire du renforcement positif en soulignant ses efforts et non de le récompenser à la fin de la semaine.

S'il n'y a aucun changement, une conséquence sera appliquée. Ici, il s'agit d'opter pour des conséquences logiques au lieu d'adopter une approche strictement punitive, comme le précise Joe-Anne Benoit dans son livre *Le défi de la discipline familiale**. Ainsi, lorsque l'enfant a une mauvaise conduite, l'éducateur impose à l'enfant une pénalité liée

---

* Benoit, Joe-Anne. *Le défi de la discipline familiale*, Montréal, Éditions Quebecor, 2011, 256 pages.

à son manquement. Il doit nécessairement y avoir un lien entre le comportement répréhensible et la conséquence choisie. Cela évite qu'une lutte de pouvoir s'installe en laissant l'enfant assumer les conséquences de sa propre conduite.

Pour mettre fin à un comportement turbulent durant la sieste, voici quelques exemples de conséquences logiques à appliquer. Évidemment, l'éducateur agit en respectant aussi ses propres valeurs :

- Retirez, doudou, tétine ou toutou si l'enfant ne cesse pas son attitude désagréable, et ce, pour la durée de la sieste.

OU

- Restez près de lui et mettez une main sur la partie de son corps qu'il bouge continuellement en répétant trois ou quatre fois d'un ton ferme : « Ça suffit ! » Au bout de 4-5 minutes, quittez la pièce ou reprenez votre place dans le local, selon le cas.

OU

- D'un ton ferme, dites-lui de se lever et de demeurer debout à côté de son matelas ou encore d'aller s'asseoir à la table pour 4-5 minutes et renvoyez-le s'étendre une fois le temps écoulé (assurez-vous d'utiliser une minuterie afin de ne pas dépasser ce temps). Évidemment, vous ne devrez pas parler à l'enfant durant cette période, ni lui donner quoi que ce soit pour l'occuper. Ce moment doit être « plate » et ennuyant.

OU

- Le faire se lever le dernier lorsque la sieste est terminée en lui disant que c'est la conséquence logique de son comportement. Surtout, prenez votre temps avant d'arriver à son tour (pas trop tout de même).

OU

- Laissez-le de 4 à 5 minutes de plus sur son matelas, une fois que tous sont levés, sans lui accorder d'attention. S'il ne se conforme pas, on répète les 4-5 minutes d'attente (ou 1 minute par année d'âge). Assurez-vous toutefois de chronométrer le temps d'attente.

Choisissez l'une de ces conséquences qui, selon vous, répondra le mieux et le plus vite à la situation. Il ne faut pas utiliser toutes ces stratégies en même temps, ni, non plus, en choisir une autre après un ou deux essais sous prétexte qu'elle ne fonctionne pas. L'enfant cherchera à tester vos limites (c'est un enfant après tout) et il y a de fortes chances qu'il ne se conformera pas à la nouvelle règle dès la première ou la deuxième journée. Votre constance et votre ténacité feront toute la différence.

Au bout d'une dizaine de jours, si l'enfant vous défie encore, ce n'est pas en changeant d'intervention que vous y arriverez. Il faut parfois revoir votre comportement et malheureusement certaines éducatrices n'arrivent pas à faire preuve de fermeté pour toutes sortes de raisons. Sachez que cela s'apprend ! Allez chercher de l'aide ou observez une de vos collègues qui a de bons résultats et imitez-la jusqu'à ce que cela devienne une seconde nature en vous. Il se peut aussi que ce soit ses parents qui le motivent à vous défier, faites en sorte de faire équipe avec eux, sinon le travail sera plus long et plus exigeant, mais réalisable tout de même.

Une autre raison qui rend les enfants insupportables à l'heure de la sieste est leur croyance que dormir est une perte de temps, que c'est inutile, en fait, ils ne veulent tout simplement pas dormir. Cependant, entre leur désir et leur besoin, votre rôle consiste avant tout à répondre à leurs besoins. De fait, s'ils ne veulent pas dormir, dites-leur que vous n'avez pas de problème avec cela, mais que toutefois, cette période de repos est OBLIGATOIRE, qu'ils doivent donc aller s'étendre sur leur matelas, sans livre ni jouet et que vous irez les chercher dans 45 minutes seulement. Ne leur faites pas savoir que s'ils ne dorment pas, ils seront autorisés à se lever, car certains enfants en viendront à combattre le sommeil. Allez tout simplement vérifier s'ils dorment 45 minutes plus tard. Évidemment, seuls les enfants de 4 ans et plus ont ce privilège, tandis que les plus jeunes doivent impérativement demeurer au lit jusqu'à la fin de la période de sieste.

Au risque de me répéter, je rappelle que vous devrez être convaincante et convaincue ! Les enfants ressentiront si vous doutez de ce que vous mettez en place et vous en feront voir de toutes les couleurs ! Lorsque l'éducatrice sait faire preuve de fermeté, plus de 50 % du travail est fait !

Enfin, n'oubliez pas d'encourager les enfants et de les féliciter pour les efforts qu'ils fournissent. Le renforcement positif est aussi une stratégie aidante.

Voici le questionnement d'une éducatrice spécialisée en matière de sieste :

– **Nancy :** Bonjour, je suis éducatrice spécialisée et à compter de la fin août, début septembre, les nouveaux groupes d'enfants seront formés (par groupe d'âges) et de nouveaux bébés intégreront aussi à temps plein le milieu de garde. Les siestes deviendront alors extrêmement difficiles à gérer. Les éducatrices sont perturbées dans leurs valeurs et nous voudrions avoir l'heure juste. Voici une liste de questions :

- Quand devons-nous entrer dans la salle des dodos ?

- Si les autres enfants se réveillent, quand devons-nous les lever ?

- Un enfant se réveille à 13 h 10, il dormait depuis 12 h 30, doit-on le lever ?

- Combien de temps doit durer la sieste ?

- Doit-on établir un horaire fixe pour tous les enfants et on intervient quand ?

- Merci de bien vouloir y répondre.

– **B.L. :** Bonjour Nancy, votre questionnement est tout à propos, car vous n'êtes pas le seul CPE ou la seule garderie aux prises avec des difficultés dans la gestion des siestes. Le problème tient du fait que la majorité des parents ne sont pas bien informés quant au sommeil de leur nourrisson. Ils mettent alors en place des conditions d'endormissement qui nuisent à une bonne qualité de sommeil et qui, trop souvent, les rendent dépendant de l'adulte. Une fois qu'ils ont amené leur enfant en milieu de garde, eh bien ce sont les éducatrices qui se retrouvent avec le problème. Il est surmontable à condition d'avoir l'information juste et les stratégies adéquates (détaillées plus loin). Un bébé qui n'a pas appris à bien dormir va faire des siestes d'environ 30-45 minutes et s'éveiller en pleurant. Ce qui se produit, en réalité, c'est qu'il y a un micro-réveil au bout de 30 à 45 minutes (changement de phase dans le cycle du sommeil). Les parents qui interviennent, et la majorité le font, empêchent le cerveau de l'enfant de terminer le cycle du sommeil et une mauvaise habitude vient de prendre place et se perpétue par la suite...

« La première étape consiste à établir un horaire fixe pour tous les enfants du même groupe d'âges. Par exemple, les plus vieux (4-5 ans) peuvent commencer leur période de repos à 13 h 30, tandis que les 18 mois jusqu'à 3-4 ans pourront commencer leur sieste vers 13 h et les poupons vers 12 h 30. Quant aux interventions durant la période de sieste ou de repos, il faut en faire le moins possible. Si l'on doit par contre le faire, c'est avec un ton qui démontre que le temps de la sieste ou du repos est un moment indiscutable et essentiel. Ainsi à votre question « Quand devons-nous entrer dans la salle des dodos ? », la réponse est : à la fin de la période de la sieste. Si les autres enfants se réveillent, ils devront aussi être levés à la fin de la période de la sieste, sinon ils risquent de s'éveiller de plus en plus tôt pour profiter d'un lever de plus en plus tôt aussi. Ce sont des enfants et ils préfèrent jouer plutôt que dormir, même s'ils sont encore fatigués. Dans le cas, par exemple, d'un enfant qui se réveille à 13 h 10, alors qu'il dort à peine depuis peu, il ne faut pas lui permettre de se lever (ici on ne parle pas du groupe des 4-5 ans), car il a seulement eu un micro-réveil. Cet enfant a appris à s'éveiller durant ce moment, au lieu de tout simplement changer de position, par exemple, et de se rendormir. Si on vient le chercher, on perpétue malheureusement cette mauvaise habitude. Si on n'y va pas, que va-t-il se passer ? Il va exprimer son mécontentement (pleurer fort) bien sûr pour vous faire comprendre qu'il n'accepte pas de rester dans son lit. Les deux ou trois premières journées ne seront pas agréables, j'en conviens, mais si vous demeurez constante, il apprendra à dormir plus longtemps et surtout à s'éveiller de bonne humeur.

« La période de sieste en avant-midi, chez les poupons (moins de 18 mois), devrait se situer idéalement entre 8 h 30 et 10 h. Tous les enfants devraient en principe être levés au plus tard à 10 h. Ainsi, il y 2 heures 30 d'éveil avant la sieste de l'après-midi. Durant cette sieste, les enfants devraient être mis au lit vers 12 h 30 et être levés au plus tard à 15 h, afin de ne pas nuire au dodo de nuit.

« Un enfant qui s'éveille en pleurant n'a pas assez dormi. Si le temps de sieste n'est pas terminé, il est préférable de le laisser couché. Toutefois, si le temps de sieste est terminé et qu'on laisse dormir un enfant plus tard que 15 h, cela vient nuire au rythme de sommeil pour la nuit. C'est comme si un enfant qui mange peu ou pas à l'heure du dîner se verrait offrir un repas complet vers les 15 h - 16 h ! Il devient alors bien évident qu'il ne pourrait manger à l'heure du souper, vers les 17 h - 17 h 30 et sans compter qu'il aurait sans doute faim plus tard en soirée au moment où il devrait aller dormir, soit vers les 19 h - 19 h 30. Finalement, il ne mangerait plus à des heures régulières, ce qui aurait un impact évident sur sa santé. Ce phénomène est maintenant bien connu dans l'alimentation et est respecté, car nous mangeons à des heures régulières. Eh bien, c'est la même chose pour le sommeil. Les heures de sieste (lever et coucher) doivent être respectées afin que puissent se produire pendant le sommeil toutes les fonctions qui n'ont lieu qu'à ce moment-là (fonctions spécifiques pour le développement physiologique et intellectuel de la personne).

« Je comprends lorsque vous dites que les éducatrices sont perturbées dans leurs valeurs, car ce sont de si petits bébés mignons et charmants, mais un bébé ou un enfant qui dort peu est malheureusement sujet à de nombreux et fréquents pleurs. Cependant, je tiens à rappeler que dormir n'a rien à voir avec les valeurs, c'est un besoin essentiel (voire vital) et à respecter. Lorsqu'un bébé ou un enfant pleure au moment de la sieste, c'est parfois uniquement parce qu'il est fatigué. Trop souvent les éducatrices associent les pleurs des bébés qui sont au lit à un malaise physique ou à une détresse émotive. Si les éducatrices se mettent à confondre besoin et désir ou projettent leurs propres émotions, ce sont finalement les enfants qui en paieront le prix... »

Enfin, voici la stratégie qui devrait être adoptée, en collaboration avec les parents :

1- Avant le dodo, dire au bébé ce qu'on attend de lui. Il comprend tout à partir de l'âge de 9 mois, mais il ressent tout dès son plus jeune âge. L'éducatrice doit avoir un ton convaincant et convaincu.

2- Une fois l'enfant mis au lit, on retourne le voir à intervalles de plus en plus longs (5-10-15 minutes par exemple), et ce, seulement s'il pleure fort. Cependant, on ne chronomètre pas le « chignage ». Avec un ton ferme (sans le toucher, le prendre ou même le caresser) on lui dit : « C'est dodo, tout va bien on se revoit tantôt ! »

3- On retourne le chercher à là fin de la période de sieste. S'il crie ou hurle (il est très fatigué ou simplement en colère), on lui dit tendrement de se calmer et que tant qu'il ne le sera pas, il ne pourra sortir de son lit. Une fois qu'il s'est apaisé, on le sort immédiatement (faire un rituel du lever).

4- S'il s'endort 5 minutes avant la fin de la sieste, il faut le réveiller délicatement (ouvrir la toile et faire du bruit dans la pièce où il dort). Oui, je sais, on ne devrait jamais réveiller un enfant qui dort, mais ici, il faut mettre en place un rythme de sommeil et c'est le moyen d'y parvenir.

5- S'il s'endort par terre ou sur une table de jeu vers les 16 h–17 h, il faut le stimuler, ce n'est plus le temps de dormir.

6- Le parent est avisé de la durée et de la qualité du sommeil de son enfant et peut même le mettre au lit un peu plus tôt afin d'éviter une trop grande fatigue au moment du dodo du soir.

7- Lorsqu'il fait de belles siestes et s'éveille tout souriant, on le félicite !

8- Persistez aussi longtemps qu'il le faudra. Certains bébés ont développé une résistance hors du commun à combattre le sommeil, mais généralement il faut environ entre 3-4 jours à 10 jours pour y arriver.

Enfin, je crois qu'une formation offerte aux éducatrices serait la bienvenue. Dans la formation de 6 heures, il y a la théorie durant la matinée, et durant l'après-midi, c'est un temps de discussion où tous les problèmes de sommeil sont mis sur la table dans le but de trouver des stratégies à mettre en place.

– **Nancy :** Bonjour madame Langevin, grâce à vos réponses et à la formation que vous nous avez donnée, la vie a complètement changé au CPE. Les éducatrices ont pleinement confiance maintenant dans leurs interventions et les enfants font de belles siestes. Les activités sont maintenant agréables et les enfants beaucoup plus souriants. Vous avez fait toute une différence dans notre milieu de garde ! Continuez votre excellent travail ! Merci beaucoup !

Chapitre 13

ET L'AFFECTION ?

Tout au long de ce livre, l'accent a été mis sur l'importance de la sieste en donnant des outils pour encadrer cette période de repos et l'enfant dans toutes ses expressions, afin de favoriser son apprentissage. Mais sans doute avez-vous remarqué que j'ai fait abstraction d'une dimension relationnelle et émotionnelle que tous (moi y compris !) considèrent pourtant comme essentielle. Il s'agit de l'affection du parent envers son enfant ou de l'éducateur envers les enfants dont il a la garde. En aucun cas, il n'a été question de l'affection que l'adulte (parent et éducateur) doit manifester au petit. Cette dimension serait-elle absente, négligeable ou insignifiante durant le processus d'apprentissage au sommeil ?

François Dumesnil, docteur en psychologie, énonce la théorie selon laquelle l'affection n'a pas de consistance propre. Il stipule que : « L'affection ne se réduit pas aux effusions de tendresse auxquelles elle conduit parfois et qui répondent sans doute aussi bien au besoin de celui dont elles émanent qu'au besoin de son destinataire[*]. »

Selon lui, l'affection peut être transmise simplement par un regard rempli d'amour et de sensibilité. Si ce regard accompagne les gestes et les paroles du parent à l'égard de l'enfant, celui-ci ne peut que ressentir l'amour de son parent, même lors des confrontations. Un parent qui donne avec affection des soins, des valeurs, un rythme de sommeil, par exemple. Considérée ainsi, l'affection sous-tend tous les thèmes abordés dans ce livre.

Le rituel avant d'aller dormir sera toujours un excellent moment pour transmettre votre affection par le geste, la parole et le regard. Dites à votre bébé, quel que soit son âge, ce que vous attendez de lui et félicitez-le au réveil quels qu'en aient été les résultats.

---

[*] Dumesnil, François. *Parent responsable, enfant équilibré*, Montréal, Éditions de l'Homme, 2003, p. 385.

En ce sens, permettre à son enfant de développer de bonnes habitudes de sommeil, c'est lui faire acquérir la propriété de bien dormir. Et cette disposition est, et de loin, un des plus beaux héritages à lui transmettre.

CONCLUSION

J'espère que ce livre a réussi à redonner à la sieste ses lettres de noblesse et surtout qu'il vous a convaincus qu'elle est essentielle et qu'il est même possible de permettre aux enfants de s'y adonner de façon agréable.

Mon plus grand souhait est de compter plusieurs familles et milieux de garde où les bébés sont des champions de la sieste. Ce sont des bébés qui peuvent s'endormir facilement dans un délai raisonnable (entre 10 et 20 minutes) et de façon autonome. À leur réveil, ils sont de bonne humeur, car ils gazouillent ; ils demeurent souriants et en forme entre les siestes. Et, si tel n'était pas le cas pour une quelconque raison, par exemple une maladie, ils vont demander à se reposer plus, jusqu'à se sentir mieux.

Chez les enfants, devenir des champions de la sieste n'est pas un don du ciel. Un petit coup de pouce de la part des parents ou des éducatrices fera toute la différence. L'expérience montre que même après des semaines ou des mois de mauvaises habitudes de sommeil lors des siestes ou en leur absence, il est possible de permettre à ces bébés et enfants de retrouver en quelques semaines le sommeil diurne d'un champion. Le rythme de sommeil s'acquiert par la constance, la cohérence, la persévérance et le dévouement de l'adulte qui en prend soin.

Enfin, si des gens vous disent que vous « laissez pleurer » votre bébé dans son lit (alors qu'il exprime sa fatigue ou sa frustration de ne pas vouloir dormir), reprenez-les, car les mots sont de puissantes énergies qui nous soutiennent ou nous créent des obstacles, et dites-leur que vous le laissez plutôt s'endormir, même si pour l'instant, il choisit d'exprimer son mécontentement !

Un enfant qui dort bien est joyeux, a des parents heureux, une éducatrice enchantée et se développe harmonieusement !

QUELQUES RESSOURCES ESSENTIELLES

- ## www.educatout.com

Sur le site d'educatout.com à la section *Édu-Conseils*, sous l'onglet *Brigitte Langevin*, vous trouverez plus de 50 chroniques différentes. Vous y découvrirez de l'information pertinente sur la sieste des enfants et sur le sommeil en général, deux sujets qui vous touchent de près en tant qu'éducateurs en milieu de garde. Je vous invite à lire ces chroniques. Mieux outillés, vous aurez ainsi des réponses à offrir aux parents inquiets en ce qui a trait au sommeil de leur enfant.

- ## www.zoneparents.com

Ce site Internet est entièrement dédié aux parents afin qu'ils puissent trouver des ressources pour les aider à résoudre, entre autres, les problèmes de sommeil de leur enfant. En consultant la section *Zone Blogues*, vous y trouverez des centaines de questions et réponses et aurez même l'occasion d'écrire une question qui recevra réponse, bien entendu !

• Livre *Comment aider mon enfant à dormir*

En plus d'offrir une multitude d'informations et de stratégies adaptées pour un sommeil de nuit de qualité et d'une durée suffisante, ce livre contient un coupon-rabais pour une consultation téléphonique avec l'auteure. Ce coupon pourrait vous être utile soit à titre d'éducatrice soit à titre de parents.

• Livre *Le sommeil du nourrisson*

Vous désirez partir du bon pied en ce qui concerne le sommeil de votre nouveau-né ou encore découvrir une nouvelle stratégie, celle des 15 secondes, favorisant la capacité du bébé à s'endormir seul, voilà un livre qui saura sans aucun doute répondre à vos attentes.

• Webinaire

J'offre la possibilité à toute personne qui s'inscrit (voir sur le site *brigittelangevin.com*) de participer à une conférence par le biais de l'ordinateur, assise confortablement chez elle ! Toutes les informations, dont le thème, la date, l'heure et le coût, y sont mentionnées. Il suffit simplement de cliquer sur l'onglet annonçant la tenue de ces webinaires.

• Formation à distance : *La sieste, un moment de repos nécessaire*

Une formation sur le sommeil des enfants est disponible par l'entremise d'educatout.com. Celle-ci se concentre presque exclusivement sur la sieste et les difficultés qui l'entourent ! Vous pourrez, entre autres, apprendre à réagir aux troubles de sommeil pouvant l'affecter et surtout développer une marche à suivre dans le cas d'un enfant ayant un comportement récalcitrant lors de la sieste ou de la période de repos. Plus vous serez outillés en matière de sommeil, plus facilement vous répondrez à ce besoin essentiel – dormir – chez les enfants. Attestation de 6 heures.

- **Formation à distance** : *Les bonnes habitudes de sommeil, ça s'apprend*

Une deuxième formation sur le sommeil des enfants est également disponible par l'entremise d'educatout.com. Cette formation porte sur l'éducation au sommeil. En fait, vous y découvrirez tous les pièges que la période de sommeil réserve aux éducatrices et aux parents, tout en apprenant les stratégies pour les surmonter ! Vous deviendrez alors une référence en matière de sommeil et pourrez même seconder les parents qui vous le demanderont, en leur offrant des suggestions de stratégies et surtout en leur faisant comprendre les enjeux qui se cachent parfois derrière les difficultés d'endormissement et les réveils nocturnes ! Attestation de 6 heures.

BIBLIOGRAPHIE

BACUS, Anne. *Le sommeil de votre enfant*, Paris, Éditions Marabout, 2007, 286 p.

BENOIT, Joe-Anne. *Le défi de la discipline familiale*, Montréal, Éditions Quebecor, 2011, 256 p.

BENOIT, Joe-Anne. *Des solutions pour les familles d'aujourd'hui*, Montréal, Éditions Quebecor, 2008, 328 p.

BRAZELTON, T. Berry, et Joshua D. SPARROW. *Apaiser son enfant*, Paris, Éditions Fayard, 2004, 140 p.

CHALLAMEL, Marie-Josèphe, et Marie THIRION. *Mon enfant dort mal*, coll. « Évolution », Paris, Pocket, 2003, 383 p.

COMBY, Bruno. *Éloge de la sieste*, Paris, Éditions J'ai lu, 2005, 190 p.

DUMESNIL, François. *Parent responsable, enfant équilibré*, Montréal, Éditions de l'Homme, 2003, 400 p.

FERBER, Richard. *Protégez le sommeil de votre enfant*, coll. « La vie de l'enfant », Thiron, ESF éditeur, 1990, 237 p.

GAGNIER, Nadia. *Chut ! Fais dodo...*, coll. « Vive la vie... en famille » – Volume 3, Montréal, Éditions La Presse, 2007, 80 p.

GALARNEAU, Sylvie. *Fais dodo mon trésor*, Montréal, Bayard Canada, 2008, 320 p.

HOGG, Tracy. *Les secrets d'une charmeuse de bébés*, Paris, Éditions J'ai lu, 2004, 317 p.

LECENDREUX, Dr Michel. *Le sommeil*, Paris, Éditions J'ai lu, 2003, 275 p.

MARTELLO, Evelyne. *Enfin je dors... et mes parents aussi*, Montréal, Éditions du CHU Sainte-Justine, 2007, 120 p.

NEMET-PIER, Lyliane. *Moi, la nuit, je fais jamais dodo...*, Paris, Fleurus Éditions, 2000, 196 p.

PAQUOT, Thierry. *L'Art de la sieste*, Paris, éditions Zulma, 2008, 96 p.

RACINE, Brigitte. *La discipline, un jeu d'enfant*, Montréal, Éditions du CHU Sainte-Justine, 2008, 136 p.

SOLTER, Aletha. *Mon bébé comprend tout*, Paris, Éditions Marabout, 2007, 377 p.

SOLTER, Aletha. *Pleurs et colères des enfants et des bébés*, Saint-Julien-en-Genevois, Éditions Jouvence, 1999, 192 p.

TOBIN, Cathryn. *Bébé fait ses nuits*, Montréal, Éditions de l'Homme, 2007, 240 p.

WILSON, Paul, et Tania WILSON. *Mère calme, enfant calme*, Paris, Éditions J'ai lu, 2004, 175 p.

À PROPOS DE L'AUTEURE

Brigitte Langevin agit à titre de conférencière et de formatrice partout à travers la francophonie au Canada et en Europe. Elle diffuse le fruit de ses connaissances dans le but de favoriser chez les gens un meilleur sommeil et une compréhension plus profonde des bienfaits d'un travail sur les rêves. Également, à travers son parcours et ses recherches, elle a développé une expertise dans les questions touchant la discipline et la compréhension des dessins d'enfants.

Elle est appréciée pour son dynamisme, son humour et sa facilité à vulgariser des concepts théoriques et scientifiques. Elle amène ainsi les individus à prendre en charge leur sommeil, de même qu'à assumer positivement leur rôle de parents ou d'éducateurs.

Auteure prolifique, elle a publié à ce jour huit ouvrages.

– *Rêves & Créativité* s'adresse à tous ceux qui ont à cœur de développer leur potentiel de créativité par les rêves, tant dans le domaine personnel et artistique que dans le domaine professionnel et scientifique.

– *S.O.S. Cauchemars* permet de comprendre la cause des différents cauchemars, de les interpréter et de leur donner un sens. L'ouvrage propose également une méthode efficace pour s'en prémunir.

– *Le rêve et ses bénéfices* offre des témoignages inspirants qui vous donneront le goût de vous occuper de vos rêves. Ce livre expose avec simplicité une méthode facile à mettre en pratique pour comprendre les messages de ses rêves et en bénéficier pleinement.

– *Comment aider mon enfant à mieux dormir* offre aux parents et aux éducateurs tous les outils pour surmonter les différents problèmes liés au sommeil des enfants. Ce guide énonce les pièges à éviter et des stratégies éprouvées.

– *Mieux dormir... j'en rêve !* propose de répondre aux questions les plus fréquemment posées sur le sujet et concernant tous les âges : de l'étudiant à la personne âgée, de l'homme d'affaires stressé à la femme enceinte. Ce livre fournit de l'information essentielle sur les conditions d'un bon sommeil en guidant aussi le lecteur vers des moyens concrets et des solutions thérapeutiques pour mieux dormir.

– *Une discipline sans douleur* propose des méthodes d'intervention efficaces, pratiques et non violentes pour corriger les attitudes indésirables et inculquer de saines habitudes de vie. De plus, les différentes stratégies sont appuyées de nombreux exemples concrets, selon les groupes d'âge.

– *Comprendre les dessins de mon enfant* est un guide pratique pour vous permettre de devenir des parents ou éducateurs avisés et capables de voir au-delà de l'aspect pictural du dessin. Vous y trouverez suffisamment de matériel pour analyser les dessins de votre enfant sous un tout autre angle.

– *Le sommeil du nourrisson* donne l'information nécessaire qui permet de résoudre tous les problèmes liés au sommeil de votre bébé avant même qu'ils ne surgissent ! Vous y découvrirez une nouvelle stratégie – celle des 15 secondes – pour favoriser son apprentissage au sommeil tout en douceur.

Pour obtenir des informations concernant les prochaines activités de Brigitte Langevin, veuillez communiquer avec elle à l'une des adresses suivantes :

Courriel
contact@brigittelangevin.com

Site Internet
www.brigittelangevin.com

Facebook
Brigitte Langevin

BRIGITTE LANGEVIN

Préface de Germain Duclos, psychoéducateur et orthopédagogue

Comment aider mon enfant
à mieux dormir

NOUVELLE ÉDITION

De la naissance
à l'adolescence

ÉDITIONS DE

BRIGITTE LANGEVIN

Une discipline
sans douleur

ÉDITION REVUE ET AUGMENTÉE

Dire non
sans marchandage,
sans cris et
sans fessée

ÉDITIONS DE MORTAGNE

BRIGITTE LANGEVIN

Préface du Dr Jean Drouin

Mieux dormir…
j'en rêve!

Stratégies pour mieux
dormir adaptées à la
femme et l'homme
modernes

ÉDITIONS DE

BRIGITTE LANGEVIN

Comprendre
les dessins de
mon enfant

ÉDITIONS DE MORTAGNE

ÉDITIONS DE MORTAGNE

100%

Cascades

BIO GAZ
ÉNERGIE

Imprimé sur du papier 100 % recyclé